JOAN DIDION

NACH DEM STURM

ROMAN

DEUTSCH VON
SABINE HEDINGER

ROWOHLT

Die Originalausgabe erschien 1996 unter
dem Titel «The Last Thing He Wanted» bei
Alfred A. Knopf, New York
Redaktion Thomas Überhoff
Umschlaggestaltung Britta Lembke
Foto: Doris Künster

Erste Auflage Juli 1999
Copyright © 1999 by Rowohlt Verlag GmbH,
Reinbek bei Hamburg
«The Last Thing He Wanted»
Copyright © 1996 by The DBA Company
Alle deutschen Rechte vorbehalten
Satz aus der Garamond PostScript Page One
Gesamtherstellung Clausen & Bosse, Leck
Printed in Germany
ISBN 3 498 01311 4

Dieses Buch ist für
QUINTANA und für JOHN

EINS

1 In letzter Zeit ist mehr und mehr Wirkliches passiert. Eine Zeitlang fühlten wir uns reich, und dann nicht mehr. Eine Zeitlang dachten wir, Zeit sei Geld, und das hieße, Zeitgewinn gleich Geldgewinn. Das hieße, flieg Concorde, und du machst Geld gut. Weil du schnell weiterkommst. Nimm die große Suite, die Multiline-Telefone mit dem Zimmerservice auf der Eins und dem Hausdiener auf der Zwei, First-Class-Service, um neun Uhr raus, um eins zurück. Lad alle Daten runter. Ruf Prag auf, geh auf Konferenzschaltung. Verkauf Allied Signal, kauf Cypress Minerals, nutz die Spielräume ganz oben. Schalt dich ein in diesen Nachrichtenzyklus, laß die Drähte glühen, bedröhn dich an dem Lärm. *Wo bleibt der Ton*, sagte immer irgendwer in dem Zustand der Dröhnung, in dem wir alle waren. *Agence Presse bringt diese Story*. Irgendwo in diesem Zustand der Dröhnung warfen wir Ballast ab. Irgendwo in diesem Zustand der Dröhnung verloren wir Strukturen, überschüssige Systeme, Eigengewicht. Schwerelosigkeit erschien uns damals als die sicherere Daseinsform. Schwerelosigkeit erschien uns damals als die Daseinsform, in der wir das Rennen machen konnten, ob es nun gegen die Uhr ging oder gegen die Stimmung an sich, aber jetzt begreife ich, daß dem nicht so war. Jetzt begreife ich, daß die Uhr tickte. Jetzt begreife ich, daß das, was wir erlebten, nicht Schwerelosigkeit war, sondern etwas, das auf Seite 1513 des *Merck-Handbuchs* (15. Ausgabe) interessanterweise als eine anhaltende exogene Depression beschrieben wird, als eine Verlustreaktion, als die schmerzvoll erfahrene Trennung von vertrauten Lebensbedingungen. Jetzt begreife ich, daß die Lebensbedingungen, von denen wir uns trennten, das Gefühl ausmachten, reich zu sein. Jetzt begreife ich, daß es keine *Resolution Trust Corporation* geben wird, kein staatliches Auffangbecken, um speziell dieses Defizit zu kompensieren, aber damals habe ich es nicht begriffen.

Obwohl ich es hätte begreifen müssen.

Es gab die ganze Zeit über Hinweise, Anzeichen, die wir hätten zur Kenntnis nehmen, auswerten, überprüfen müssen: hinsichtlich ihrer Bedeutung für die Lage im allgemeinen. Nehmen wir nur einmal den Tag, an dem uns auffiel, daß die Banken ihre Kredite für sämtliche Einkaufszentren gekündigt hatten, nehmen wir den Tag, an dem uns auffiel, daß jemand seine Kredite für sämtliche Banken gekündigt hatte. Nehmen wir den Tag, an dem uns auffiel, daß wir, wenn wir eine gebührenfreie 800er-Nummer wählten, um Geschäfte in Los Angeles oder New York zu tätigen, nicht mehr mit Los Angeles oder New York telefonierten, sondern mit Orlando oder Tucson oder Greensboro, North Carolina. Nehmen wir den Tag, an dem wir merkten (und dies wird speziell bei den Vielfliegern einen empfindlichen Nerv treffen), daß es auf einmal nötig war, wegen technischer Defekte in Denver, in Raleigh-Durham, in St. Louis zwischenzulanden. Nehmen wir, bei einer solchen Zwischenlandung wegen technischer Defekte in St. Louis, den dortigen, nicht einmal fertiggestellten, aber schon unter Konkurs stehenden Gateway Airport Tower mit seinen verrammelten Boutiquen, seiner geschlossenen Austernbar, den fehlenden Frotteebademänteln in den leeren Umkleidekabinen, den fehlenden Kulturbeuteln in den Toiletten mit den unvollendeten Mosaikfußböden: All das hätte uns alarmieren müssen, hätte ausgewertet werden müssen, aber wir mußten schnell weiter. Wir reisten mit leichtem Gepäck. Wir waren jünger. Auch sie war jünger.

2

Um eines gleich klarzustellen: Hier rede ich.
Sie kennen mich oder glauben jedenfalls, mich zu kennen.
Die nicht ganz allwissende Autorin.
Die nicht mehr so schnell weiterkommt.
Die nicht mehr mit leichtem Gepäck reist.

Als ich mich 1994 entschloß, diese Geschichte nun endlich zu erzählen, die Hinweise zur Kenntnis zu nehmen, die mir zehn Jahre früher entgangen waren, die Informationen auszuwerten, bevor sie sich ganz und gar verflüchtigten, spielte ich mit dem Gedanken, mir eine neue Identität zuzulegen: als Botschaftsrätin für öffentliche Angelegenheiten bei der fraglichen Botschaft, als Berufsdiplomatin im Auswärtigen Dienst, delegiert vom Amt für wirtschaftliche Zusammenarbeit. «Lilianne Owen» wollte ich mich in diesem Konstrukt nennen – eine Strategie, die ich letztendlich verwarf, weil sie zu einschränkend, zu kleinformatig war und damit ein sinnloser Kunstgriff. *Später sollte sie mir erzählen*, hätte Lilianne Owen immer wieder sagen müssen, und *Davon erfuhr ich erst im nachhinein*. Als Lilianne Owen gab ich nicht einmal für mich selbst eine überzeugende Figur ab. Als Lilianne Owen hätte ich Ihnen längst nicht alles erzählen können, was ich wußte.

Das wollte ich von vornherein klarstellen.

Ich wollte mein eigenes Gepäck mitbringen und es vor Ihnen auspacken.

Als ich die Geschichte zum ersten Mal hörte, fand ich

Elemente darin, die mir fragwürdig erschienen, Details, denen ich nicht traute. Was aus Elena McMahons Leben bekannt war, paßte nicht recht zusammen. Was fehlte, war Konsistenz, waren logische Verbindungen nach dem Prinzip von Ursache und Wirkung. Und diese Verbindungen sollten sich für Sie auftun, so wie sie sich irgendwann für mich auftaten. Die beste Geschichte, die ich je erzählt habe, war ein Kiffertraum. Dies ist etwas ganz anderes.

Als Treat Morrison Elena McMahon zum ersten Mal sah, saß sie allein in der Café-Bar des Intercon. Er war aus Washington gekommen, mit der American-Maschine, die um zehn Uhr vormittags landete, und der Fahrer der Botschaft hatte ihn am Intercon abgesetzt, wo er sein Gepäck deponieren wollte, und da saß nun diese Amerikanerin, keine Reporterin, dachte er gleich (er kannte die meisten Reporter, die aus diesem Teil der Welt berichteten, die Reporter trieben sich immer da herum, wo sie die Story vermuteten, das war das Schöne an dem Einsatz auf einer Insel, wo die Story noch nicht auf dem Bildschirm erschienen war), eine Amerikanerin in einem weißen Kleid, die die Kleinanzeigen des Lokalblatts las, die ganz allein an einem runden Tisch saß, der für acht gedeckt war. Irgend etwas an dieser Frau hatte ihn irritiert. Zum einen wußte er nicht, was sie da tat. Er wußte, daß sie Amerikanerin war, weil er sie mit dem Kellner hatte reden hören und ihm dabei die leichte Vokaldehnung aufgefallen war, die so typisch für den Akzent des amerikanischen Südwestens ist, doch die Amerikanerinnen, die überhaupt noch auf der Insel waren, gehörten entweder zur Botschaft oder zu dem minimalen Presseaufgebot, und es war nicht anzunehmen, daß jemand aus der einen oder der anderen Gruppe offensichtlich untätig in der Café-Bar des Intercon herumsaß. Und zum anderen aß diese Amerikanerin ganz langsam und methodisch abwechselnd einen Bissen Schokoladenparfait und einen Bissen Bacon. Diese Kombination aus Schokoladenparfait und Bacon war es, die ihn ganz eindeutig irritiert hatte.

Bis zu dem Zeitpunkt, als Treat Morrison sie die Kombination aus Schokoladenparfait und Bacon essen sah, hatte Elena McMahon nicht im Intercon gewohnt, sondern auf der Windseite der Insel, in zwei ineinandergehenden Zimmern mit Kochnische in einem Hotel namens Surfrider. Diese Zimmer hatte sie im Juli jenes Jahres bezogen, nicht als Gast, sondern als stellvertretende Geschäftsführerin, eingestellt, um Rückflüge, Babysitter und Tagestouren (Zuckermühle, Hafen und das einzige neopalladianische Herrenhaus auf der Insel) für die jungen kanadischen Familien zu buchen, die bis vor kurzem gern in dieses Hotel gekommen waren, weil es preiswert war und der fünfzig Meter lange Swimmingpool nirgends mehr als einen Meter tief. Dem Manager des Surfrider war sie von dem Mann vorgestellt worden, der die Autovermietung im Intercon betrieb. Voraussetzung sei Erfahrung in der Tourismusbranche, hatte der Manager des Surfrider gesagt, und die hatte sie vorgetäuscht, mit der erfundenen Story und den gefälschten Zeugnissen über eine dreijährige Tätigkeit als Kreuzfahrtleiterin auf dem schwedischen Traumschiff, das später von Robert Vesco umgeflaggt worden war (dies war der Geniestreich gewesen, dieses Detail, das die Zeugnisse jeder Überprüfung entzog). Zu dem Zeitpunkt, als sie die Stelle antrat, landeten auf dieser Insel immer noch ein paar versprengte Touristen, keine reichen Touristen, keine von denen, die Villen mit Swimmingpool und rosa Sandstrände und Butler und Wäscherinnen und Multiline-Telefone und Faxgeräte und ein Federal-Express-Büro in nächster Nähe verlangten, aber dennoch Touristen, zumeist triste amerikanische Pärchen mit Rucksäcken und pensionierte Tagesausflügler von den paar Kreuzschiffen, die immer noch einliefen: Leute also, die es sich nicht unbedingt leisten konnten, ihre Zeit als so wertvoll zu erachten, daß sie sie nur an den vollkommensten Plätzen dieser Erde verbringen mochten. Nach dem ersten Reisehinweis des Auswärtigen Amtes waren die Kreuzfahrtschiffe ausgeblieben, nach dem zweiten, dringlicheren Sicherheitshinweis eine Woche später (der mit dem Streik der Gepäcklader und der Einstellung aller Dienste von zweien der vier internationalen Fluggesellschaften mit Landerechten für diese Insel einherging) waren selbst die Rucksacktouristen zu Reisezielen abgewandert, die nicht gleich ganz so unvollkommen wirkten. Der fünfzig Meter lange Swimmingpool des Surfrider war leer. Worin auch immer der Bedarf an einer stellvertretenden Geschäftsführerin bestanden hatte – er war rückläufig und dann gar nicht mehr vorhanden. Auf diese Tatsache hatte Elena McMahon den Manager hingewiesen, doch der hatte ihr vernünftigerweise klargemacht, daß sie, da ihre Zimmer in jedem Fall leerstehen würden, genausogut bleiben konnte, und so war sie geblieben. Sie mochte das Haus in leerem Zustand. Sie mochte die Jalousien mit den teils losen, teils abgebrochenen Stäben. Sie mochte die tiefhängenden Wolken, das Glitzern der See, den durchdringenden Geruch nach Moder und Bananen. Sie mochte den Spaziergang vom Parkplatz hoch und die Straße entlang und die Stimmen aus der Pfingstkirche dort oben. Sie mochte den Strand vor dem Hotel, das Gefühl zu wissen, daß von hier aus zwischen ihr und Afrika kein Festland mehr war. «Tourismus – nur ein anderes Wort für Rekolonisierung?» lautete das Wunschthema des Entwicklungshilfesymposiums (für Selbstverpfleger) an dem Tag, als Treat Morrison in der Botschaft eintraf.

3 Wenn Sie sich an 1984 erinnern, wozu nach meinen Beobachtungen immer weniger von uns Lust haben, dann wissen Sie sicherlich noch einiges von dem, was Elena McMahon in diesem Sommer passierte. Sie kennen den Zusammenhang, erinnern sich an die Namen, *Theodore Shackley Clair George Dewey Clarridge Richard Secord Alan Fiers Felix Rodriguez alias «Max Gomez» John Hull Southern Air Lake Resources Stanford Technology Donald Gregg Aguacate Elliott Abrams Robert Owen alias «T. C.» Ilopango alias «Cincinnati»*, alle miteinander vom grellen Licht der DC-123 erfaßt, die vom Himmel auf Nicaragua herabstürzte. Es hat nicht viele Frauen erwischt. Da war eine, die Blondine, die Reißwölfin, die für die Depotübertragung beim Credit Suisse verantwortlich war (das Depot beim Credit Suisse, auf das der Sultan von Brunei die zehn Millionen Dollar überweisen sollte, falls Sie die kleinen Finessen vergessen haben), doch sie war nur Statistin, Aushilfe, mit einer weitgehend komischen, aber letztlich unbedeutenden Rolle.

Bei Elena McMahon war das anders.

Elena McMahon hat es auch erwischt, aber sie geriet nicht in dieses grelle Licht.

Wenn Sie wissen wollten, wie es sie erwischt hat, würden Sie wahrscheinlich mit den Dokumenten anfangen.

Es gibt nämlich Dokumente – vielleicht sogar mehr, als Sie meinen.

Eidesstattliche Erklärungen, mündliche Zeugenaussagen, Fernmeldeverkehre, manches davon noch unter Verschluß, aber vieles der Öffentlichkeit zugänglich.

Um hier oder da den Faden aufzunehmen, müßten Sie nur eine der gängigen Bibliotheken aufsuchen: zuerst natürlich die vom Kongreß. Dann die vom Foreign Policy Institute an der Johns-Hopkins-Universität, die vom Center for Strategic and International Studies in Georgetown. Speziell für die Brokaw-Korrespondenz die Sterling Library in Yale. Die Bancroft Library in Berkeley, an die Treat Morrisons schriftliche Unterlagen nach seinem Tod gingen.

Da gibt es die vom FBI durchgeführten Befragungen, die ich insgesamt als nicht besonders aufschlußreich bezeichnen würde, obwohl jede einzelne das eine oder andere Spannungselement enthält (die Kombination aus Schokoladenparfait und Bacon etwa ist ein Spannungselement in den Abschriften der FBI-Befragungen), das richtungweisende Detail (so gibt es mir zu denken, daß die Person, die dem FBI gegenüber die Kombination aus Schokoladenparfait und Bacon erwähnte, nicht Treat Morrison war), die Antwort, die so offensichtlich ausweichend ist, daß sie die Tatsache, die sie zu verschleiern sucht, gerade dadurch beleuchtet.

Es gibt die veröffentlichten Abschriften der Hearings vor dem Sonderausschuß, zehn Bände, zweitausendfünfhundertundsieben Seiten, dreiundsechzig Tage Zeugenaussagen, deren Reiz nicht nur in der durchgängigen Verwendung von Metaphern aus der Wasserwirtschaft liegt (da gab es die Kanäle, da gab es die Verteilungsnetze, da gab es die Strömungen, die Schleusen und natürlich die Quellen), sondern auch in den damit einhergehenden kurzen Einblicken in das Leben an den äußersten Grenzen der Monroe-Doktrin. Da gab es etwa die Fluggesellschaft, die von St. Lucia aus operierte, ihre Zentrale aber in Frankfurt hatte (Band VII, Kapitel 4, «Einschleusungsmaßnahmen zur Durchführung verdeckter Operationen») und die zu neunundneunzig Prozent im Besitz beziehungsweise nicht im Besitz (widersprüchliche Zeugenaussagen) eines ehemaligen Air-West-Flugbegleiters war, der auf St. Lucia lebte beziehungsweise nicht dort lebte (widersprüchliche Zeugenaussagen). Da gab es etwa die Gruppe nichtidentifizierter Männer (Band X, Kapitel 2, «Zusätzliches Material über die Ablenkungsmanöver zum Quellenschutz»), die an der Nordgrenze Costa Ricas eintrafen beziehungsweise nicht dort eintrafen (auch hier widersprüchliche Zeugenaussagen), um die Leichen der Crew der nicht gekennzeichneten DC-3 zu verbrennen, die zum Zeitpunkt des Absturzes anscheinend bei der Fluggesellschaft registriert war, die zu neunundneunzig Prozent im Besitz beziehungsweise nicht im Besitz des ehemaligen Air-West-Flugbegleiters war, der auf St. Lucia lebte beziehungsweise nicht dort lebte.

Dann gibt es natürlich die Berichterstattung in den Zeitungen, die allerdings insgesamt nicht sehr ergiebig ist: Obwohl eine umfassende Datenbankrecherche unter dem Stichwort *McMahon, Elena* für das fragliche Jahr mehr als achthundert Hinweise in fast ebenso vielen Zeitungen erbringt, führen alle außer einer Handvoll zu denselben zwei AP-Berichten zurück.

Geschichte in Rohfassung.

Wie wir früher gesagt haben.

Als wir noch glaubten, daß man aus der Geschichte durchaus etwas lernen könnte.

Nicht, daß dies ein Thema war, über das viele Menschen bereit gewesen wären, sich zu äußern – ob nun offiziell oder auch nur inoffiziell. Selbst ich, die ich relativ zufällig zur fraglichen Zeit in der fraglichen Botschaft war, habe etwa ein Dutzend Interviewfragen von seiten der Presse verweigert. Zu dem Zeitpunkt wollte ich glauben, daß ich solche Interviews verweigerte, weil sie mit meinem damaligen, eher heiklen Projekt zu kollidieren schienen: einem Porträt von Treat Morrison für das *New York Times Magazine*, dem – falls meine Probebohrung die erhofften Ergebnisse bringen sollte – eine große Dokumentation über seine Statthalterrolle während sechs präsidentialer Amtszeiten folgen sollte, aber das war wohl nicht die ganze Wahrheit.

Ich habe diese Interviews verweigert, weil ich nicht in Diskussionen darüber verwickelt werden wollte, welche Elemente fragwürdig schienen, welche Details unglaubwürdig schienen, welche logischen Verbindungen zu fehlen schienen zwischen der Elena Janklow, die ich in Kalifornien kennengelernt hatte (Catherine Janklows Mutter, Wynn Janklows Frau, Zweite Vorsitzende, Komiteemitglied, Arrangeurin von Tischdekorationen für unzählige Benefizessen und künstlerische Darbietungen und Modenschauen, Begründerin, ja Erfinderin des regional berühmten No-Ball-Balls, der es den geneigten Spendern ermöglichte, ihre Schecks einzusenden und gemütlich daheim zu bleiben), und der Elena McMahon in den beiden AP-Berichten.

Ich kam auf keine vernünftige Ausrede, die es mir erlaubt hätte, nicht an der sich anschließenden Studie über Krisenmanagement mitzuarbeiten, die von der Rand Corporation im Auftrag des Außenministeriums durchgeführt wurde, aber ich hielt mich bedeckt: Ich übernahm den Fachjargon solcher Studien. Ich sprach von «Konfliktlösungen». Ich sprach von «Konfliktmanagement». Und ich lieferte Fakten – sogar mehr Fakten, als man von mir erbeten hatte, aber Fakten, die im Detail so langatmig und in ihrer Bedeutung so fragwürdig waren, daß keiner der Rand-Analysten, die mit diesem Projekt befaßt waren, auf den Gedanken kam, mir die eine Frage zu stellen, die ich nicht beantworten wollte.

Die Frage nämlich, was meiner Ansicht nach passiert war.

Ich glaubte, daß sie von der Strömung erwischt und mitgerissen worden war.

Ich glaubte, daß ihr das Wasser über dem Kopf zusammengeschlagen war.

Ich glaubte, daß sie sich erst in den letzten, sich dehnenden Sekunden zwischen dem Moment, als sie den Mann am Kliff wahrnahm, und dem Moment, als es passierte, darüber klarwurde, welche Rolle ihr zugedacht worden war.

Das glaube ich immer noch.

Das sage ich erst jetzt, weil ich erst jetzt mit wirklichen Fragen konfrontiert bin.

Über die fraglichen Ereignisse.

In der fraglichen Botschaft.

Zu der fraglichen Zeit.

Vielleicht erinnern Sie sich ja an das Vokabular aus der fraglichen Zeit.

Das war keine Situation, die für eine Lehrbuchanalyse getaugt hätte.

Das war kein Nullsummen-Deal.

In einer idealen Welt könnte man auch ideale Entscheidungen treffen, aber im wirklichen Leben muß man sich nach der Wirklichkeit richten, und dementsprechend haben wir unsere Entscheidungen getroffen und die möglichen Verluste gegen den möglichen Gewinn abgewogen.

Im wirklichen Leben.

Zweifellos sind gewisse Dinge passiert, die besser nicht passiert wären.

Zweifellos hatten wir es mit Kräften zu tun, bei denen immer auch unvorhersehbare Elemente mitwirken beziehungsweise nicht mitwirken können.

Elemente, auf die wir keinen Einfluß hatten.
Zweifellos, unstrittig.
Und dennoch.
Trotzdem.
Bedenken Sie die Alternativen: Entweder Sie versuchen, ein demokratieförderliches Umfeld zu schaffen und machen sich dabei die Hände ein bißchen schmutzig, oder Sie steigen aus, lassen den anderen Farbe bekennen.
Kann man sich ausrechnen.
Das habe ich getan.
Es ausgerechnet.
Wirklich kein Nullsummen-Deal.
Man könnte dies hier eine Rekonstruktion nennen. Eine Berichtigung, wenn Sie so wollen, der Rand-Studie. Die Revision eines Zeitraums und eines Ortes und eines Zwischenfalls, über den die meisten Menschen letztendlich lieber nichts wissen wollten. Im wirklichen Leben.

4 Wenn ich mich dem tradierten Glaubenssatz anschließen könnte, daß Charakter Schicksal sei und die Vergangenheit Vorspiel zur Gegenwart et cetera, dann könnte ich den Beginn der Geschichte darüber, was Elena McMahon im Sommer 1984 passierte, auf einen früheren Zeitpunkt verlegen. Ich könnte, sagen wir, 1964 beginnen, mit dem Jahr, als Elena McMahon ihr Stipendium für die Universität Nevada verlor und sich binnen einer Woche die neue Identität einer Reporterin für den *Herald Examiner* in Los Angeles zulegte. Ich könnte auch vier Jahre später ansetzen, 1968, in dem Jahr, als Elena McMahon eine Pressekonferenz mit Hintergrundinformationen zur Entwicklung des Erdölgeschäfts in Südkalifornien nachrecherchierte, anläßlich dieser Recherche Wynn Janklow im Büro seines Vaters am Wilshire Boulevard kennenlernte und sich mit einer Zielstrebigkeit, der sogar ihr Auftrag zum Opfer fiel, die Identität seiner Ehefrau zulegte.

Höchst wesentliche Ereignisse.

Höchst aufschlußreich für ihren Charakter.

Natürlich, zweifellos, doch der Charakter, über den sie Aufschluß geben, ist der einer Überlebenskünstlerin.

Da aber das, was Elena McMahon im Sommer 1984 passierte, ausgesprochen wenig mit Überleben zu tun hatte, lassen Sie mich da beginnen, wo auch sie begonnen hätte.

Mit der Nacht, in der sie aus dem Vierundachtziger-Wahlkampf ausstieg.

Sie werden selbst schon bemerkt haben, daß Menschen, die von Katastrophen betroffen wurden, den «Beginn» der Katastrophe gern auf einen Zeitpunkt verlegen, der ihre persönliche Kontrolle über die Ereignisse impliziert. Ein Flugzeugabsturz wird in der nachträglichen Schilderung nicht mit der meteorologischen Druckverteilung über dem mittleren Pazifik beginnen, die die ausgedehnten Gewitterzellen über dem Golf von Mexiko verursachte, die dem Flughafen von Dallas-Fort Worth die tückischen bodennahen Scherwinde brachten, sondern bei irgendeiner handhabbaren menschlichen Schnittstelle, etwa dem «komischen Gefühl» am Frühstückstisch, das man nicht weiter beachtet hat. Der Bericht über ein Erdbeben der Stärke 6,8 wird nicht mit der Überschiebung tektonischer Platten beginnen, sondern auf dem sicheren Boden des Geschäftes in London, in dem wir das Shaffordshire-Porzellan bestellten, das an dem Morgen zu Bruch ging, als die tektonischen Platten sich überschoben.

Hätten wir bloß auf dieses komische Gefühl geachtet.
Hätten wir bloß nie das Shaffordshire-Porzellan bestellt.
Wir operieren doch alle mit magischem Denken.
Auch Elena McMahon.

Sie sei in der Nacht vor den kalifornischen Vorwahlen um ein Uhr vierzig Ortszeit aus dem Wahlkampf ausgestiegen, erklärte sie wiederholt dem DIA-Agenten, den Treat Morrison für ihre Vernehmung hatte einfliegen lassen, so als habe der genaue Zeitpunkt, an dem sie aus dem Wahlkampf ausgestiegen war, die folgenden Ereignisse ursächlich und unumkehrbar in Gang gesetzt.

Zu dem Zeitpunkt, als sie aus dem Wahlkampf ausgestiegen sei, habe sie ihren Vater schon seit Monaten nicht mehr gesehen, erzählte sie dem DIA-Agenten, als er an diesem Punkt nachhakte.

Wie viele Monate genau, hatte der Agent gefragt.

Ich weiß nicht genau, hatte sie geantwortet.

Dazu zweierlei. Erstens wußte Elena McMahon sehr genau, wie viele Monate es her war, daß sie ihren Vater zum letzten Mal gesehen hatte. Und zweitens war die genaue Anzahl der Monate, die zwischen dem Zeitpunkt lagen, als Elena McMahon ihren Vater zum letzten Mal gesehen hatte, und dem Zeitpunkt, als Elena McMahon aus dem Wahlkampf ausgestiegen war, eigentlich nicht von Bedeutung. Doch um es einmal festzuhalten: Zu dem Zeitpunkt, als Elena McMahon aus dem Wahlkampf ausstieg, hatte sie ihren Vater seit einundzwanzig Monaten nicht gesehen. Sie hatte ihn zum letzten Mal im September 1982 gesehen, entweder am 14. oder am 15. Sie konnte sich ziemlich genau an das Datum erinnern, weil es entweder der Tag gewesen war, an dem Bashir Gemayel im Libanon einem Attentat zum Opfer gefallen war, oder der Tag darauf, und sie in dem Moment, als das Telefon geklingelt hatte, an ihren Schreibtisch gesessen und die Reaktion aus dem Weißen Haus bearbeitet hatte.

In Wahrheit konnte sie sich nicht nur ziemlich genau an das Datum erinnern, sondern sogar ganz genau.

Es war der 15. gewesen. Der 15. September 1982.

Sie wußte, daß es der 15. gewesen war, weil sie am 15. August in Washington angekommen war und sich einen Monat Zeit gegeben hatte, um ein Haus zu suchen, Catherine einzuschulen und die Gehaltserhöhung zu bekommen, die bedeutete, daß sie keine Aushilfskraft mehr war (hierhin findet sich wieder die Überlebenskünstlerin, wieder die alte Zielstrebigkeit), und sich in dem Moment, als ihr Vater anrief, gerade notiert hatte, daß sie wegen der Gehaltserhöhung nachhaken müsse.

Hey, hatte ihr Vater gesagt, als sie den Hörer abnahm.

Dies war seine typische telefonische Kontaktaufnahme: kein Name, kein Gruß, nur dieses *Hey*, dann Schweigen. Sie hatte ebenfalls geschwiegen, gewartet. Ich bin grad auf der Durchreise, hatte er dann gesagt, vielleicht könnten wir uns ja treffen, in einer halben Stunde oder so.

Ich bin bei der Arbeit, hatte sie gesagt.

Na, so ein Zufall, hatte er gesagt, da ruf ich dich ja an.

Wegen ihres Termindrucks hatte sie sich mit ihm im Madison auf der anderen Straßenseite verabredet. Das Madison schien ihr ein guter Treffpunkt zu sein, praktisch und neutral, doch sobald sie ihn dann in der Bar sitzen sah, allein an einem kleinen Tisch, auf den er unentwegt mit den Fingern eintrommelte, wußte sie, daß das Madison doch nicht die richtige Wahl gewesen war. Er hatte die Augen zusammengekniffen, den Blick auf drei Männer fixiert, die in scheinbar identischen Nadelstreifenanzügen am Nebentisch saßen. Einen der drei erkannte sie: Er hieß Christopher Hormel, arbeitete im Weißen Haus für das OMB, war aber aus unerfindlichen Gründen beim mittäglichen Briefing zum Libanon hochoffiziös ums Podium herumgeschwebt. Das ist keine Politik, das ist Politesse, sagte Christopher Hormel in dem Moment, als sie sich setzte, und dann wiederholte er den Satz, als hätte er soeben ein witziges Wortspiel erfunden.

Geht's nicht noch dicker, hatte ihr Vater gesagt.

Christopher Hormel hatte seinen Stuhl zurückgeschoben und sich umgedreht.

Spuck's aus, Kumpel, was ist dein Problem, hatte ihr Vater gesagt.

Daddy, hatte sie in flehendem Ton gesagt.

Ich hab kein Problem, hatte Christopher Hormel erwidert und sich wieder weggedreht.

Schwuchteln, hatte ihr Vater gesagt, während seine Finger

in dem Schälchen mit Knabberzeug nach der letzten Makadamianuß suchten.
Übrigens liegst du da falsch, hatte sie gesagt.
Verstehe, du frißt das hier also alles, hatte ihr Vater gesagt. Du bist sehr anpassungsfähig, hat dir das eigentlich schon mal jemand gesagt?
Sie hatte ihm einen Bourbon mit Wasser bestellt.
Du mußt Early Times verlangen, hatte er sie korrigiert. Wenn du in so einer Schwulenbar Bourbon sagst, dann schenken sie dir einen Sweet Turkey ein, oder wie dieser Scheiß heißt, und berechnen dir noch extra was dafür. Und hey, du, Junge, spuck mal 'n paar Mandeln aus, heb dir deine Kekse für die Schwuchteln auf.
Als der Drink gekommen war, hatte er ihn in einem Zug gekippt und sich dann vorgebeugt. Er habe ein kleines Geschäft in Alexandria laufen, hatte er gesagt. Er habe eine Quelle für drei- oder vierhundert Neuner, Intratecs, lahme kleine Mistdinger, die er zu fünfundsiebzig das Stück beschaffen und für fast dreihundert weitergeben könne, sein Abnehmer werde glatt das Doppelte dafür reinholen, aber das könne der ruhig, das sei Klinkenputzen, so was habe er noch nie gemacht, so was würde er auch nie machen.
So was hätte er auch nicht nötig.
Weil es wieder heiß herging.
Weil es wieder richtig knallte.
Sie hatte die Rechnung übernommen.
Hey, Ellie, lächel doch mal, es knallt wieder richtig.
Das nächste Mal, daß sie ihn sah, war an dem Tag, als sie aus dem Wahlkampf ausstieg.

5 Sie hatte nicht vorgehabt, aus dem Wahlkampf auszusteigen. Sie war morgens in Newark noch auf den letzten Drücker in die Maschine gekommen, und dann hatte sie, abgesehen von der Cola, beim Auftanken in Kansas City achtundzwanzig Stunden lang nichts zu sich genommen, doch sie hatte nicht einen Moment lang ans Aussteigen gedacht, weder im Flugzeug noch auf der Kundgebung in South Central, noch beim großen Händeschütteln am Maravilla-Projekt, nicht einmal, als sie, in Beverly Hills auf dem Bürgersteig hockend, auf den Pressespiegel über die VIP-Benefizveranstaltung wartete (die VIP-Benefizveranstaltung, deren Gäste, wie sich herausstellte, größtenteils Leute waren, die sie in ihrem früheren Leben als Elena Janklow gekannt hatte, die VIP-Benefizveranstaltung, bei der sie, wäre ihr früheres Leben als Elena Janklow normal verlaufen, unter dem Regal-Rents-Partyzelt gestanden, dem Kandidaten zugehört und sich dabei ausgerechnet hätte, wie lange es noch dauern würde, bevor sie gute Nacht sagen und heimfahren konnte zu dem Haus am Pacific Coast Highway, um sich dort auf die Veranda zu setzen und eine Zigarette zu rauchen) – nicht einmal da war sie auf den Gedanken gekommen: *Ich könnte aus diesem Wahlkampf aussteigen.*

Sie hatte den ganzen Tag wie üblich funktioniert.
Sie hatte sich zweimal mit einem Bericht gemeldet.
Sie hatte sich zuerst von der Evergreen-Zentrale in Kan-

sas City aus gemeldet und dann, während der toten Zeit im Holiday Inn in Torrance, mit dem Update. Sie hatte drei Anfragen vom Büro erhalten und beantwortet, alle drei dazu, warum sie beschlossen habe, sich nicht mit der Tikkermeldung über eine vertrauliche Meinungsumfrage zu befassen, die auf kurzfristige Verschiebungen in der Wählergunst hindeutete. *Betr. Ihre Anfrage zur Sawyer-Mill-Umfrage von gestern abend*, hatte sie als Antwort auf die letzte Anfrage getippt. *Zum dritten Mal: Stichprobenumfang m. E. immer noch nicht ausreichend für signifikante Ergebnisse.* Die Stunde, die sie, auf dem Bürgersteig hockend, auf den Pressespiegel über die VIP-Benefizveranstaltung gewartet hatte, war nicht ungenutzt verstrichen: Sie hatte in der Zeit einen Entwurf für die Sonntagsanalyse verfaßt.

Sie hatte die verführerische Vertrautheit der VIP-Benefizveranstaltung ausgeklammert.

Den Duft von Jasmin.

Den kleinen blauen See aus Jakarandablüten auf dem Bürgersteig, wo sie hockte.

Das Gefühl, daß unter dem Zeltdach nichts Schlimmes passieren würde, und die logische Folgerung, daß unter dem Zeltdach überhaupt nichts passieren würde.

Das dort war ihr altes Leben gewesen, und das hier war ihr neues Leben, und sie mußte unbedingt dranbleiben.

Sie war drangeblieben.

Sie hatte Schritt gehalten.

Später sollte es ihr so vorkommen, als wäre nichts an diesem Tag ausgesprochen schiefgelaufen, aber eben auch nichts ausgesprochen gut. So hatte etwa in Newark ihr Name auf der Passagierliste gefehlt. Beim Secret Service hatte es einen Personalwechsel gegeben, und ihre Presseausweise waren im Gepäck gewesen, und der diensthabende

Agent hatte sie nicht in die Maschine lassen wollen. Wo ist der Hund, hatte der Agent mehrmals zu niemandem direkt gesagt. Die Flughafenbehörde wollte doch einen Hund stellen, wo ist der Hund.

Es war erst sieben Uhr morgens und schon heiß gewesen, und sie hatten auf dem Rollfeld gestanden, zwischen Gepäck und Kameraausrüstungen. Ich habe gestern abend mit Chicago gesprochen, hatte sie gesagt und dabei versucht, den Agenten dazu zu bringen, daß er sie ansah, während sie ihre Taschen durchwühlte, um diese Presseausweise zu finden. Und das stimmte. Sie hatte gestern abend mit Chicago gesprochen, und sie hatte gestern abend auch mit Catherine gesprochen. Nicht gesprochen hatte sie gestern abend allerdings mit ihrem Vater. Ihr Vater hatte zweimal eine Nachricht auf ihrem Anrufbeantworter in Georgetown hinterlassen, aber sie hatte nicht zurückgerufen. Hey, hatte ihr Vater bei seinem ersten Anruf gesagt. Dann kam das Atmen, das Klicken. Sie ortete etwas Glattes, Hartes in ihrer Tasche und dachte schon, es wären die Presseausweise, aber es war nur ein Röhrchen Aspirin.

Wir hatten doch unser Leben, und jetzt ist es kein wirkliches Leben mehr, und bloß weil ich deine Tochter bin, soll mir das jetzt gefallen, aber mir gefällt es nicht, hatte Catherine gesagt.

Entschuldige, daß ich deine Zeit in Anspruch nehme, aber ich habe versucht, deine Mutter anzurufen, und das Arschloch, mit dem sie zusammenlebt, weigert sich, sie ans Telefon zu holen, hatte ihr Vater bei seinem zweiten Anruf auf ihren Anrufbeantworter gesprochen.

Aber ich habe das Okay von Chicago für diesen Flug, hatte sie dem Agenten gesagt.

Wir haben keinen Hund, es dauert bestimmt den ganzen Tag, den Scheiß hier abzusuchen, hatte der Agent gesagt. Er schien diese Worte an einen Tontechniker zu richten, der auf dem Rollfeld hockte und seine Ausrüstung durchwühlte.

Sie hatte den Agenten am Ärmel berührt, um ihn endlich dazu zu bringen, daß er sie ansah. Wenn das mal eben jemand mit Chicago abklären würde, hatte sie gesagt.

Der Agent hatte seinen Arm abrupt weggezogen, sie aber immer noch nicht angesehen.

Wer ist sie, hatte er gesagt. Sie steht nicht auf der Liste für die Pressemaschine, was macht sie hier.

Der Tonmann hatte nicht hochgesehen.

Sagen Sie ihm, daß Sie mich kennen, hatte sie zu dem Tonmann gesagt. Sie kam nicht darauf, zu wem er gehörte, aber sie wußte, daß sie ihn schon in der Maschine gesehen hatte. Ihr fortgeschrittenes Alter, wie sie es im Verlauf dieses Wahlkampfes zu nennen sich angewöhnt hatte (da ihr diesbezüglich nie jemand widersprach, war daraus mittlerweile eine peinliche Reflexhandlung geworden, ein Tick, der sie erröten ließ, sobald sie diese Worte aussprach), machte die Bitte um Hilfe auf unklare Weise zu etwas Demütigendem, aber das war jetzt nicht wichtig. Wichtig war jetzt, in die Maschine zu kommen. Wenn sie nicht in die Maschine kam, würde der Wahlkampf ohne sie weiterlaufen. Der Wahlkampf war in vollem Gang, der Wahlkampf hatte einen Zeitplan. Dieser Zeitplan würde sie automatisch durch den Sommer führen, den Juli, August, bis in die eisigkalten Kuppeln mit dem herabfallenden Konfetti und den hochfliegenden Luftballons.

Um das Problem mit Catherine würde sie sich später kümmern.

Mit Catherine war sie immer klargekommen.

Ihren Vater würde sie später anrufen.

Sagen Sie ihm, daß Sie mich kennen, wiederholte sie, an den Rücken des Tonmannes gewandt.

Der Tontechniker holte ein Multikabel aus seiner Tasche, richtete sich auf und sah sie blinzelnd an. Dann zuckte er die Achseln und ging.

Ich bin die ganze Zeit in dieser Maschine, ich bin seit New Hampshire in dieser Maschine, sagte sie zu dem Agenten und verbesserte sich dann: Ich bin die ganze Zeit mit dieser Maschine unterwegs gewesen. Sie konnte den flehenden Ton in ihrer Stimme hören. Jetzt fiel es ihr ein: Der Tonmann war von ABC. Während der Vorwahlen in Illinois hatte sie am Rand einer Satellitenanlage gestanden und war von ihm umgeschubst worden, als er versuchte, sich möglichst weit vorzudrängeln.

Reg dich ab, Alte, ich muß arbeiten, hatte er gesagt, als sie protestierte.

Sie sah ihn die Treppe hochlaufen, immer zwei Stufen auf einmal, und in der DC-9 verschwinden. Die Prellung, die er ihr beigebracht hatte, war nach zwei Monaten immer noch ein blauer Fleck. Sie spürte, wie ihr der Schweiß unter der Gabardinejacke herablief; wenn er auf dem Weg zur Treppe an ihr vorbeigekommen wäre, dann hätte sie ihm bestimmt ein Bein gestellt. Sie hatte die Gabardinejacke angezogen, weil es in Kalifornien immer kühl war. Wenn sie die Presseausweise nicht fand, würde sie gar nicht erst nach Kalifornien kommen. Der Tonmann von ABC würde nach Kalifornien kommen, aber sie nicht. Reg dich ab, Alte, ich muß arbeiten. Sie begann, ihren Koffer auf dem Rollfeld auszupacken, legte zuerst ihre Tonbänder und Notizbücher heraus, dann eine ungeöffnete Packung Strumpfhosen, Beweise ihrer Seriosität, Geiseln ihrer festen Überzeugung, daß die Presseausweise tatsächlich existierten.

Ich konnte nur diese Woche nicht mit in der Maschine sein, sagte sie zu dem Agenten. Und Sie sind ganz neu dabei. Deshalb kennen Sie mich nicht.

Der Agent zog sein Jackett gerade, so daß sie sein Schulterholster sehen konnte.

Sie nahm einen neuen Anlauf: Ich hatte eine private Angelegenheit zu regeln, deshalb konnte ich diese Woche nicht mit in der Maschine sein, sonst würden Sie mich kennen.

Auch das war demütigend.

Warum sie diese Woche nicht mit in der Maschine gewesen war, ging den Agenten nichts an.

Ich hatte einen familiären Notfall, hörte sie sich hinzufügen.

Der Agent drehte ihr den Rücken zu.

Moment noch, rief sie. Sie hatte die Presseausweise in der Seitentasche ihres Kulturbeutels gefunden und rappelte sich hoch, um den Agenten einzuholen, ließ die Tonbänder, Notizbücher und Strumpfhosen offen auf dem Rollfeld liegen, um ihm die Metallkette mit den hell glänzenden rechteckigen Plastikscheiben zu reichen. Der Agent prüfte die Presseausweise und warf sie ihr dann zu; sein Blick war leer. Als sie schließlich in die Maschine gelassen wurde, hatten die Kameracrews die frischen Lunchpakete bereits unter sich aufgeteilt (es gebe nur noch das Roastbeefsandwich von gestern und das vegetarische, sagte der Knight-Ridder-Reporter, der neben ihr saß, aber da habe sie nichts verpaßt, weil das vegetarische nichts weiter sei als das Roastbeef von gestern, bloß ohne das Roastbeef), und der Gang war schon rutschig vom Kampf ums Essen, und irgendwer hatte sich an der Lautsprecheranlage zu schaffen gemacht, über die jetzt Rap-Musik lief, und dabei den Bordkühlschrank außer Gefecht gesetzt. Und deshalb hatte sie, als sie am folgenden Morgen um ein Uhr vierzig in der Lobby des Hyatt Wilshire in Los Angeles aus dem Wahlkampf ausstieg, seit achtundzwanzig Stunden nichts weiter zu sich genommen als die Cola beim Auftanken in Kansas City und die Sandwichgarnierung aus verwelkten Luzernensprossen, die der Knight-Ridder-Reporter verschmäht hatte.

Später würde sie diesen Teil der Geschichte betonen.

Später, bei ihrem Anruf von LAX im Büro, würde sie betonen, daß sie seit achtundzwanzig Stunden nichts gegessen hatte.

Die Sache mit ihrem Vater würde sie weglassen.

Entschuldige, daß ich deine Zeit in Anspruch nehme, aber ich habe versucht, deine Mutter anzurufen, und das Arschloch, mit dem sie zusammenlebt, weigert sich, sie ans Telefon zu holen.

Die Sache mit Catherine würde sie ebenfalls weglassen.

Wir hatten doch unser Leben, und jetzt ist es kein wirkliches Leben mehr, und bloß weil ich deine Tochter bin, soll mir das jetzt gefallen, aber mir gefällt es nicht.

Sie würde ihren Vater weglassen, und sie würde Catherine weglassen, und sie würde auch den Duft nach Jasmin und den kleinen See aus Jakarandablüten auf dem Bürgersteig vor der VIP-Benefizveranstaltung weglassen.

Kleine Firma ohne große Aussichten, hab sie als Steuerschlupfloch gekauft, verstand nichts vom Erdölgeschäft, hatte sie 1968 an dem Tag in ihr Notizbuch geschrieben, als sie Wynn Janklows Vater interviewte. *Ich weiß noch, daß ich sagte, ich wollte einen Blick auf unsere Ölquellen werfen, ich weiß noch, daß ich bei einem Drugstore hielt, um mir einen Film für meine Kamera zu kaufen, eine kleine Brownie war das, ich hatte noch nie eine Ölquelle gesehen und wollte ein Foto davon machen. Also fuhren wir runter nach Dominguez Hills und fotografierten ein bißchen rum. Zum damaligen Zeitpunkt holten wir Ölsände aus zwölf- bis vierzehnhundert Fuß Tiefe hoch, nicht tief genug für anständige Viskosität. Und heute ist die Stadt Los Angeles eines der größten erdölproduzierenden Gebiete der Welt, mit siebzehn fördernden Ölquellen innerhalb der Stadtgrenzen. Fox, Hillcrest, Pico bei Doheny, Cedars, United Artists, UCLA, fünfhundert Meilen Pipelines unter der Stadt, der Widerstand gegen die Bohrungen ist irrational, direkt krankhaft, die ganze Zeit über, als mein Sohn an der HighSchool in Beverly Hills Baseball gespielt hat, hab ich Öl aus einem Loch geholt, das direkt neben dem dritten Mal lag, er hat öfters Mädchen mit hingenommen, hat denen meine Pumpenböcke gezeigt.*

Der alte Mann hatte hochgesehen, als der Sohn das Büro betrat.

Fragen Sie ihn ruhig, ob das stimmt, sagte der alte Mann.

Beverly-Hills-Spätlese, sagte der Sohn, und sie heiratete ihn.

Rappel dich hoch.

Klopf dir den Staub von den Kleidern.

Ich hatte seit achtundzwanzig Stunden nichts gegessen, würde sie dem Büro sagen.

Was dem Büro herzlich egal war.

6 An diesem Morgen hatte sie in der Maschine nach Miami einen Anflug von Panik verspürt, das Gefühl, blockiert zu sein, auf der Stelle zu treten, wie bei den ersten Schritten nach dem Absteigen von einem Laufband. Jetzt, ohne den Wahlkampf, würde sie keine brandaktuellen Zahlen mehr bekommen. Jetzt, ohne den Wahlkampf, würde sie keine Impulse mehr bekommen, keine Kicks, keine Gerüchte, keine Dementis. Der Wahlkampftroß würde nach San Jose weiterziehen, und ihr Platz in der DC-9 würde leer bleiben, und sie saß jetzt ganz allein auf diesem Platz, für den sie selbst bezahlt hatte, auf diesem Delta-Flug nach Miami. Gegen Mittag würde der Wahlkampftroß nach Sacramento weiterziehen und um eins nach San Diego und um zwei wieder zurück nach Los Angeles, und sie würde noch immer auf diesem Platz sitzen, für den sie selbst bezahlt hatte, auf diesem Delta-Flug nach Miami.

Dies war einfach eine Auszeit, sagte sie sich. Dies war einfach eine längst fällige Pause: Sie hatte sich zuviel Druck gemacht, hatte mit zu vielen Bällen gleichzeitig jongliert, sich so tief in die Story vergraben, daß sie die Story gar nicht mehr sehen konnte.

Vielleicht bedeutete dies sogar einen neuen Zugang zu der Story.

Leicht euphorisiert von dieser tröstlichen Interpretation bestellte sie sich einen Wodka mit Orangensaft und schlief ein, bevor der Drink kam. Als sie wieder aufwachte – allem

Anschein nach über Texas –, konnte sie sich zunächst gar nicht erinnern, warum sie in diesem netten, aber unvertrauten Flugzeug saß. *Presse: Übernachtung im Hyatt Wilshire*, hatte auf dem Wochenplan für Los Angeles gestanden, und schließlich war der Bus am Hyatt Wilshire angekommen, und die Buchungen für die Presse waren von Chicago aus vorgenommen worden, aber ihr Name stand nicht auf der Liste, und es gab kein Zimmer für sie.

Chicago hat's mal wieder versaubeutelt; die Sekretärin der Pressestelle hatte die Achseln gezuckt. Dann suchen Sie sich eben jemanden, der mit Ihnen das Zimmer teilt, Abmarsch um Punkt sechs.

Sie erinnerte sich, daß sie von einer Müdigkeit überkommen wurde, die sie fast schwindlig machte. Sie erinnerte sich, daß sie ihrem Gefühl nach sehr lange am Empfang gestanden und den jungen Leuten zugesehen hatte, die mit ihr kreuz und quer durchs Land getingelt waren und die jetzt – anscheinend immer noch voller Energie – Richtung Bar oder Fahrstuhl zogen. Sie erinnerte sich, daß sie ihren Koffer und ihre Computertasche genommen und sich, eingehüllt in ihre Gabardinejacke, hinaus in die kühle kalifornische Nacht begeben und den Portier gebeten hatte, ihr ein Taxi zum Flughafen zu besorgen. Im Büro hatte sie erst angerufen, als sie ihre Bordkarte für Miami schon in der Hand hielt.

7 Als sie an diesem Nachmittag um halb sechs bei dem Haus in Sweetwater ankam, war die Fliegengittertür aufgeklinkt; der Fernseher lief, und ihr Vater hockte schlafend in einem Sessel, die Fernbedienung in der Hand, ein halbvolles Glas und eine Dose Jalapeño-Bohnendip in Reichweite. Sie hatte dieses Haus noch nie gesehen, aber es unterschied sich in nichts von dem Haus in Hialeah und davor der Wohnanlage in Opa-Locka oder auch der zwischen Houston und dem NASA-Gelände. Es waren alles nur Mietobjekte, eins sah aus wie das andere. Außer dem Haus in Vegas. Aber in dem Haus in Vegas hatte ihre Mutter noch mit ihm zusammengelebt.

Entschuldige, daß ich deine Zeit in Anspruch nehme, aber ich habe versucht, deine Mutter anzurufen, und das Arschloch, mit dem sie zusammenlebt, weigert sich, sie ans Telefon zu holen.

Sie würde sich später darum kümmern.

Sie hatte sich um den Flug gekümmert, und sie würde sich auch darum kümmern.

Sie setzte sich auf einen Hocker am Eßtresen, der die Küche vom Wohnzimmer trennte, und begann, den *Miami Herald* zu lesen, den sie vom Flughafen mitgebracht hatte, ganz methodisch, von vorn nach hinten, Seite für Seite, Spalte eins bis Spalte acht, ohne je zur Fortsetzung eines Artikels weiterzublättern, und warf nur zwischendurch ab und an einen Blick auf den Fernseher. Der Reporter vom

Knight-Ridder, der am Vortag neben ihr im Flugzeug gesessen hatte, schien seinen Bericht ausschließlich auf die Tikkermeldung über die neuesten Wahlprognosen gestützt zu haben. *Politischen Insiderkreisen in Kalifornien zufolge ist mit dramatischen Verschiebungen bei den Vorwahlen zu rechnen*, begann seine Story, etwas irreführend. Ein Amerikaner, der via Damaskus aus der Geiselhaft im Libanon freigekommen war, sagte auf seiner Pressekonferenz in Wiesbaden, er habe während der Gefangenschaft nicht nur den Glauben an die Lehren seiner Kirche verloren, sondern auch den Glauben an Gott. *Geisel schildert Glaubensprüfung*, lautete die Schlagzeile, ebenfalls etwas irreführend. Sie dachte darüber nach, wie man die Schlagzeile korrekter hätte formulieren können (*Geisel schildert Glaubensabfall? Geisel besteht Glaubensprüfung nicht?*), legte dann den *Herald* beiseite und betrachtete ihren Vater. Er war alt geworden. Sie hatte ihn zu Weihnachten angerufen, sie hatte sich letzte Woche aus Laguna bei ihm gemeldet, aber sie hatte ihn lange nicht gesehen, und irgendwann in der Zwischenzeit war er alt geworden.

Entschuldige, daß ich deine Zeit in Anspruch nehme, aber ich habe versucht, deine Mutter anzurufen, und das Arschloch, mit dem sie zusammenlebt, weigert sich, sie ans Telefon zu holen.

Sie hatte es ihm bei ihrem Anruf aus Laguna gesagt, aber es war nicht zu ihm durchgedrungen, sie würde es ihm noch einmal sagen müssen, er würde darüber sprechen wollen.

Plötzlich wurde ihr klar, daß sie genau aus diesem Grund hierhergekommen war.

Bei ihrer Ankunft in LAX war sie fest entschlossen gewesen, nach Washington zurückzukehren, und hatte sich statt dessen einen Flug nach Miami buchen hören.

Sie hatte einen Flug nach Miami gebucht, weil sie ihm

noch einmal würde sagen müssen, was mit ihrer Mutter passiert war.

Daß ihre Mutter gestorben war, würde aktuell nichts an seinem Leben ändern, aber es würde ein Thema werden, etwas, womit sie fertig werden mußten.

Über Catherine würden sie nicht sprechen müssen. Oder vielmehr: Er würde fragen, wie es Catherine ging, und sie würde sagen, gut, und dann würde er fragen, ob Catherine die Schule mochte, und sie würde sagen, ja, sicher.

Sie mußte Catherine anrufen. Sie mußte Catherine wissen lassen, wo sie war.

Wir hatten doch unser Leben, und jetzt ist es kein wirkliches Leben mehr, und bloß weil ich deine Tochter bin, soll mir das jetzt gefallen, aber es gefällt mir nicht.

Sie würde Catherine später anrufen. Sie würde Catherine morgen anrufen.

Ihr Vater schnarchte, ein rauhes Apnöeröcheln, und die Fernbedienung fiel ihm aus der Hand. Auf dem Bildschirm erschien der Schriftzug *Broward Closeup* über dem Bild eines Gebäudes, das offenbar eine Moschee in Pompano Beach war. Wie sich herausstellte, war in dieser Moschee ein Verbot politischer Diskussionen verhängt worden, weil viele von denen, die der Reporter die Pompano-Moslems nannte, aus Ländern stammten, die miteinander Krieg führten. «Zumindest hier in Broward County», sagte der Reporter abschließend, «können Moslems, die bislang nur Krieg gekannt haben, endlich Frieden finden.»

Auch das war irreführend. Ihr kam der Gedanke, daß das, was irreführend war, vielleicht sogar die Kernidee von «Nachrichten» darstellte – ein befreiender Gedanke. Sie hob die Fernbedienung auf und drückte die Stummtaste.

«Diese verdammten Araber», sagte ihr Vater, ohne die Augen aufzumachen.

«Daddy», sagte sie zögernd.

«Diese verdammten Araber müßten mal eins mit der A-Bombe übergebraten kriegen.» Er machte die Augen auf. «Kitty. Nicht. Mein Gott. Bloß nicht.»

«Nicht Kitty», sagte sie. «Ihre Tochter. Deine Tochter.»

Sie wußte nicht, wie lange sie geweint hatte, aber als sie in ihrer Tasche nach einem Kleenex herumwühlte, fand sie nur feuchte Papierknäuel.

«Ich bin's», sagte sie schließlich. «Elena.»

«Ellie», sagte ihr Vater. «Ja, zum Teufel.»

Auch an der Stelle könnte sie anfangen, diese Geschichte.

Wie Elena McMahons Vater sich mit den Leuten einließ, die den Deal mit Fidel machten, um das Sans Souci zurückzuholen – auch das wäre ein Anfang.

Aber das war lange her. Viel früher. Nennen wir es also die Vorgeschichte.

Und noch ein anderer Anfang wäre denkbar, ebenfalls eine Vorgeschichte, allerdings nur ein Bild: eine einmotorige Cessna im Tiefflug, die über einer Mangrovenlichtung eine Rolle Toilettenpapier abwirft; das Papier flattert, bildet Schleifen, die sich in den Baumkronen verfangen; die Cessna gewinnt wieder an Höhe, als sie in die Kurve geht, um auf ihren Flugweg zurückzugelangen. Ein Mann, Elena McMahons Vater, der Mann in dem Haus in Sweetwater, aber viel jünger, angelt sich die Papprolle, deren Löcher mit Kreppband zugeklebt sind. Er schneidet das Kreppband mit einem Armeemesser auf. Er zieht einen Zettel heraus. *Alle Aktivitäten aussetzen*, steht auf dem Zettel. *Unverzüglich Bericht erstatten.*

22. November 1963.

Dick McMahons Fußnote zur Geschichte.

An dem Tag, als diese Rolle Toilettenpapier auf die Keys herabsegelte, war Treat Morrison in Indonesien.
Im Sonderauftrag beim Konsulat in Surabaya.
Die Türen des Konsulats wurden verschlossen und erst drei Tage später wieder geöffnet.
Treat Morrisons Fußnote zur Geschichte.

8   Ich bin immer noch geschichtsgläubig.

Lassen Sie mich das präzisieren: Ich bin noch insofern geschichtsgläubig, als ich glaube, daß Geschichte ausschließlich und blindlings von Leuten wie Dick McMahon gemacht wird. Es laufen immer noch mehr Leute wie Dick McMahon herum, als man glauben sollte; die meisten sind schon alt, mischen aber immer noch ein bißchen mit, machen hier und da noch kleine Geschäfte, halten noch ein paar Fäden in der Hand und sich selbst die Hintertür offen. Sie können immer noch ein paar Jeeps in Shreveport organisieren, immer noch ein paar Slots in Beaumont auftun, sie können immer noch den nächtlichen Anruf von dem Burschen abwickeln, der ein paar oder auch gleich dreihundert Savage-Selbstladegewehre mit Zielfernrohr braucht. Vielleicht erinnern sie sich nicht mehr an alle Namen, die sie verwendet haben, aber bestimmt noch an die, die sie nicht verwendet haben. Vielleicht tun sie sich schwer, all das, was sie früher gewußt haben, noch richtig einzuordnen, aber sie erinnern sich, daß sie es einmal gewußt haben.

Sie erinnern sich, daß sie ein paar Dinger unter Dach und Fach gebracht haben.

Sie erinnern sich, daß sie von gewissen Aktionen persönlich Kenntnis gehabt haben.

Sie erinnern sich, daß sie Carlos Prío gekannt haben, sie erinnern sich, daß sie gewisse Theorien über seinen Selbstmord gehört haben. Sie erinnern sich, daß sie Johnny Roselli gekannt haben, sie erinnern sich, daß sie gewisse Theorien darüber gehört haben, wie er in dem Ölfaß in der Biscayne Bay landen konnte. Sie erinnern sich an viele Situationen, in denen gewisse Kumpel mitten in der Nacht auftauchen, weil sie etwas von einem wollen, dieselben Kumpel, die dann zwei, drei Tage später in San Pedro Sula oder Santo Domingo oder Panama auftauchen, mittendrin in der Scheiße.

Herrgott, hätt ich jedesmal einen Dollar kassiert, wenn jemand bei mir ankam und meinte, er hätte da womöglich was am laufen, dann wär ich heute ein reicher Mann, sagte Elena McMahons Vater an dem Tag, als sie dahin ging, wo er die *Kitty Rex* festgemacht hatte.

Die ersten zwei Wochen in Sweetwater sparte sie Energie, indem sie nichts wahrnahm. So formulierte sie es sich selbst gegenüber; sie sparte Energie – als wäre Wahrnehmung ein fossiler Brennstoff. Sie fuhr nach Key Biscayne und ließ ihre Gedanken brachliegen, nahm nichts weiter auf als das ausgebleichte flache Land in all seiner Weite, das helle Aquamarinblau des Wassers und den grauen Himmel und die Dünen aus weißem Korallensand und die Gerippe von Immergrüner Eiche und Oleander, wenn es Sturm gab. An einem Tag marschierte sie bei Regen und steifem Wind über die allerniedrigsten Stege, aus dem plötzlichen Bedürfnis heraus, Wasser über ihre Sandalen plätschern zu lassen. Zu dem Zeitpunkt hatte sie sich bereits aus ihrer gewohnten Kleidung geschält, sich auf das Nötigste beschränkt, sich auf ihre Bedürfnisse konzentriert, ihre Gabardinejacke und die ungeöffnete Packung Strumpfhosen in eine Tüte gesteckt und als stillschweigenden Abschiedsgruß an die Moden der gemäßigten Zone in den Container einer Altkleidersammlung auf der Eighth Street geworfen.

Wir sind hier schon gefragt worden, was Sie eigentlich

treiben, hatte sie vom Büro zu hören bekommen, als sie anrief, um zu sagen, daß sie in Miami sei. Siegel springt für Sie ein, aber Sie werden verstehen, daß wir hier jemanden dransetzen müssen, und zwar verbindlich bis Ende November.

Das sehe ich ein, hatte sie geantwortet.

Sie hatte noch nicht genügend Energie gespart, um schon wieder an Verbindlichkeiten bis Ende November denken zu können.

Jeden Tag stand sie gegen Abend vor dem Problem, sich etwas einfallen zu lassen, das ihr Vater essen würde, etwas, das er nicht sofort beiseite schieben würde, um sich dafür einen neuen Drink zu genehmigen, und dann fuhr sie meistens ins Zentrum zu einem Lokal, das ihr Vater, soweit sie sich erinnerte, ganz gern mochte, und bestellte schwarze Bohnen oder Shrimps in Knoblauchsoße zum Mitnehmen, etwas, das sie später warm machen konnte.

Vom Floridita, sagte sie, wenn ihr Vater desinteressiert auf seinen Teller sah.

In Havanna, sagte er daraufhin unsicher.

Von dem Floridita hier, sagte sie. In der Flagler Street. Du hast mich ein paarmal dahin mitgenommen.

Das Floridita, in das ich mit deiner Mutter gegangen bin, war in Havanna, sagte er darauf.

Was, wie auf Knopfdruck, zum Wiederabspulen seiner Geschichte über den Abend in Floridita führte, 1958 war das gewesen, glaubte er, mit ihrer Mutter und Carlos Prío und Fidel und einem der Murchisons. Das Floridita in Havanna, erklärte er jedesmal. In Havanna war das Floridita, wo ich mit deiner Mutter hingegangen bin, verdammt, was haben wir da auf die Pauke gehauen, frag nur deine Mutter, die kann dir das bestätigen.

Was sie, ebenfalls wie auf Knopfdruck, wiederholen ließ, daß ihre Mutter tot war. Bei jeder Wiederholung schien er die Nachricht tatsächlich aufzunehmen. Gottverdammt, sagte er dann. Kitty ist nicht mehr da. Er ließ sie bestimmte Details noch einmal erzählen, als könne er die Fakten auf diese Weise fixieren, bevor sie sich verflüchtigten.

Nein, sie habe nicht gewußt, wie krank Kitty war.

Nein, sie habe Kitty vor ihrem Tod nicht mehr gesehen.

Nein, es habe keine Beerdigung gegeben.

Ja, Kitty sei eingeäschert worden.

Ja, Kittys letzter Ehemann heiße Ward.

Ja, Ward habe tatsächlich früher einmal mit Arzneimitteln gehandelt, aber nein, sie würde ihn nicht als Drogendealer bezeichnen, und nein, sie glaube nicht, daß er irgendwelche krummen Geschäfte gemacht hatte. Und überhaupt ginge es hier nicht um Ward, sondern darum, daß ihre Mutter tot war.

Worauf ihr Vater die Augen aufriß und den Kopf wegdrehte.

Pretty Kitty, sagte er wie zu sich selbst. Kit-Cat.

Eine halbe Stunde später beschwerte er sich dann wieder, daß er neulich abend erst versucht habe, Kitty anzurufen, und das Arschloch von Drogendealer, mit dem sie zusammenlebte, sich geweigert habe, sie ans Telefon zu holen.

Das konnte er auch gar nicht, sagte Elena dann wieder. Sie ist doch tot.

Manchmal, wenn sie mitten in der Nacht vom Läuten des Telefons wach wurde, hörte sie die Haustür zufallen und einen Wagen anspringen, den Cadillac Seville Cabrio, Baujahr 72, der im stacheligen Gras direkt vor dem Zimmer geparkt war, in dem sie schlief. Die Scheinwerfer strichen über ihre Zimmerdecke, während er im Rückwärtsgang zur Straße hinausfuhr. Meistens stand sie dann auf und holte sich eine Flasche Bier und trank davon im Bett sitzend, bis sie wieder einschlafen konnte, aber eines Nachts wirkte die

Einschlafhilfe nicht, und gegen Morgengrauen war sie immer noch wach, stand mittlerweile barfuß in der Küche und sah sich eine lokale Fernsehgala für irgendeinen guten Zweck an, in der eine Frau aus Palm Beach in einem Paillettenkleid offenbar eine Art Gospel zum besten gab, als ihr Vater hereinkam.

Ja zum Teufel, sagte ihr Vater.

I said to Satan get thee behind me, sang die Frau in dem Paillettenkleid auf dem Bildschirm.

Du solltest dich wirklich nicht mehr hinters Steuer setzen, sagte Elena.

Victory today is mine.

Ganz recht, ich sollte mein Gebiß rausnehmen und ins Altersheim gehen, sagte er. Herrgott noch mal, willst du mich auch noch umbringen?

Die Frau in dem Paillettenkleid knallte mit der Mikrofonschnur, während sie zu «After You've Been There Ten Thousand Years» überwechselte, und Dick McMahon übertrug seinen aufflammenden Zorn auf den Fernseher. Und wenn ich schon zehntausend Jahre alt wäre, würd ich dich trotzdem nicht sehen wollen, Mädel, schrie er die Frau in dem Paillettenkleid an. Weil du nämlich nichts taugst, Mädel, ach was, du bist weniger als ein Nichts, du bist der letzte Dreck. Als er sich dann wieder Elena zuwandte, war sein Zorn verraucht oder vergessen. Wie wär's mit 'nem Drink, sagte er.

Sie machte ihm einen Drink.

Falls du dich auch nur ein Fitzelchen für das interessierst, was ich so treibe, sagte er, als sie sich ihm gegenüber an den Tisch setzte, dann kann ich dir soviel verraten, daß es 'ne große Sache ist.

Sie antwortete nicht. Sie hatte schon als Kind geübt, sich nicht im geringsten für das zu interessieren, was ihr Vater machte. Dieses Desinteresse war ihr nur dann zum Problem geworden, wenn sie ein Formular ausfüllen mußte, in dem die Zeile *Beruf des Vaters* stand. Er machte Geschäfte. *Macht Geschäfte?* Nein. Im allgemeinen hatte sie sich für *Investor* entschieden. Wenn je die Sprache darauf kam, sagte sie, ihr Vater sei im An- und Verkauf tätig, was in dem Teil des Landes, wo sie bis 1982 gelebt hatte, dem sogenannten Sonnengürtel, in dessen Boomklima die Grundstückspreise in die Höhe schossen, sehr wohl heißen konnte, daß es sich bei seinen An- und Verkäufen um Immobilien handelte. Sie hatte ihr Stipendium an der Universität von Nevada verloren, als die Fördergrundlagen von Leistung auf Bedürftigkeit umgestellt wurden, und sie begriff, daß es reine Zeitverschwendung wäre, ihren Vater um einen Einkommensnachweis zu bitten.

Ein dickes Ding, sagte er. Der ganz große Wurf.

Sie antwortete nicht.

Wenn das Ding so läuft, wie es laufen soll, sagte er, dann kann ich ganz aussteigen, die Hände in den Schoß legen, mit der *Kitty* bis hinter Largo runterschippern und dort bleiben. Wär doch gar nicht schlecht. Ein bißchen angeln, die Füße im Wasser baumeln lassen. Nicht ganz das, was ich mir unter 'nem schönen Leben vorstelle, aber immer noch um Klassen besser, als hier rumzuhocken und langsam zu vergreisen.

Mit wem arbeitest du bei dieser Sache, fragte sie vorsichtig.

Was interessiert dich das, sagte er mit plötzlichem Argwohn. Was hat dich denn jemals interessiert, mit wem ich arbeite.

Ich meine nur, sagte sie, wie derjenige, für den du arbeitest, auf dich gekommen ist.

Warum sollten die nicht auf mich kommen, sagte er. Ich

hab immer noch meine echten Zähne. Ich bin noch nicht im Altersheim, was übrigens nicht dein Verdienst ist.

Dick McMahon hatte die Augen zugemacht, wie zum Trotz, und war erst aufgewacht, als sie ihm das Glas aus der Hand nahm und eine Baumwolldecke über seine Beine legte.

Und was hörst du so von deiner Mutter, hatte er dann sagt.

9

An diesem Morgen des 15. Juni, einem Freitag, hätte sie eigentlich wissen müssen, daß es Zeit war, sich abzusetzen.

Sie wußte, wie man das macht.

Sie hatte es oft genug gemacht.

Sich abgesetzt, alles hinter sich gelassen, ohne Rücksicht auf Verluste.

Gerade erst wieder bei ihrer Mutter.

Und wo war sie nun gelandet.

Direkt nach dem Anruf war sie nach Laguna geflogen, aber es hatte keine Beerdigung gegeben. Ihr Anschluß zum John Wayne hatte sich verspätet, und als sie in der kühlen Dämmerung dieses Maiabends ankam, war ihre Mutter schon eingeäschert gewesen. Du weißt ja, was Kitty von Beerdigungen gehalten hat, sagte Ward und wiederholte den Satz im Verlauf des Gesprächs mehrmals. Ich hab sie eigentlich nie über Beerdigungen reden hören, entgegnete Elena schließlich, aus dem Impuls heraus, mehr darüber zu erfahren, was ihre Mutter gesagt oder gedacht hatte, aber Ward hatte sie angesehen, als würde ihn diese Bemerkung verletzen. Selbstverständlich könne sie über die Aschenreste verfügen, sagte er, die Überreste oder die Asche oder was auch immer, Aschenreste würde man sie wohl nennen, aber für den Fall, daß ihr nichts Bestimmtes vorschwebe, habe er bereits mit der Neptune Society gesprochen. Du weißt ja, was Kitty für die hohe See empfunden hat, sagte er. Auch die hohe See war kein Thema, über das sie nach Elenas Erinnerung je gesprochen hatte. Wenn es dir also recht ist, sagte Ward, sichtlich erleichtert durch ihr Schweigen, mache ich mit den Vorbereitungen wie geplant weiter.

Sie ertappte sich dabei, daß sie überlegte, wann sie frühestens abreisen konnte, ohne pietätlos zu erscheinen.

Vom John Wayne aus ging nichts mehr, aber sie konnte noch einen Nachtflug aus LAX erwischen.

Direkt die 405 hoch.

Wards Tochter Belinda war im Schlafzimmer und packte das zusammen, was sie die Habseligkeiten nannte. Die Habseligkeiten gingen an den Wohltätigkeitsbasar vom Hospiz, sagte Belinda, aber sie wisse, daß Kitty es gern gesehen hätte, wenn Elena davon nahm, was sie wollte. Elena machte eine Schublade auf und spürte dabei Belindas Blick im Nacken.

Kitty hat immerzu von dir reden wollen, sagte Belinda. Zum Beispiel, wenn ich da drüben war und vielleicht gerade die Krankenkassenformulare ausfüllte oder sonst irgendeine Kleinigkeit erledigte, fand sie immer einen Anlaß, um auf dich zu sprechen zu kommen. Etwa, daß du dich von irgendwoher gemeldet hattest.

Die Schublade schien voll zu sein mit Turbanen, Haarbändern, formlosen Kopfbedeckungen, die Elena nicht mit ihrer Mutter in Verbindung bringen konnte.

Oder, sagte Belinda, daß du dich nicht gemeldet hattest. Die hab ich ihr für die Chemo besorgt.

Elena machte die Schublade zu.

Aus dem diffusen Bedürfnis heraus, wenigstens ein paar Sachen ihrer Mutter vor dem Hospizladen zu retten, versuchte sie, sich auf etwas zu besinnen, das ihrer Mutter besonders wichtig gewesen war, nahm schließlich aber nur ein Armband aus Elfenbein, das sie ihre Mutter früher hatte tragen sehen, und ein zerknicktes Foto aus einem Karton, auf dem mit verschmiertem Bleistift WEG geschrieben stand und das ihre Eltern zeigte, wie sie auf Klappliegestühlen aus Leichtmetall links und rechts von einem Gartengrill vor dem Haus in Las Vegas saßen. Vor der Abreise stellte sie sich noch einen Moment in die Küche und ließ Ward seine Fähigkeit vorführen, eine von einem Dutzend im Gefrierschrank gestapelter Kasserollen in der Mikrowelle zu erhitzen. Die hat deine Mutter noch gemacht, bevor es mit ihr zu Ende ging, sagte Belinda laut genug, um *Jeopardy* zu übertönen. Kitty hätte den Punkt geholt, sagte Ward, als ein Kandidat auf dem Bildschirm bei einer Frage in der Kategorie «Berühmte Reisende» passen mußte. Siehst du, was er macht, sagte Belinda, als könne Ward sie nicht hören. Er macht in Kittys Namen weiter, genauso wie Kitty früher in deinem Namen weitergemacht hat. Zwei Stunden später hatte Elena in LAX vergeblich versucht, Geld aus einem Automaten zu ziehen, und sich weder an ihre Geheimzahl noch an den Mädchennamen ihrer Mutter erinnern können.

Etwa, daß du dich von irgendwoher gemeldet hattest.

In der immer gleichen anonymen Sicherheit der United-Lounge trank sie zwei Gläser Wasser und versuchte, sich an ihre Telefonkreditkartennummer zu erinnern.

Oder daß du dich nicht gemeldet hattest.

Sechsunddreißig Stunden danach hatte sie auf dem Rollfeld in Newark gestanden, mit dem Agenten, der sagte, wo ist der Hund, wir haben keinen Hund, es dauert bestimmt den ganzen Tag, den Scheiß hier abzusuchen.

Sie hatte das alles hinter sich gelassen. Den Zeitplan, das Konfetti, die hochfliegenden Luftballons.

Sie hatte das alles hinter sich gelassen, so wie sie das Haus am Pacific Coast Highway hinter sich gelassen hatte.

Nicht Wynn, daran dachte sie nicht; sie dachte an das Haus am Pacific Coast Highway.

Gekachelte Böden, weiße Wände, Sonntagslunch zum Tennis. Männer mit gleichmäßiger Bräune und frisch manikürten Händen, Frauen mit mörderischen Aufschlägen und gegen Zellulitis und Schwangerschaftsstreifen gestählten Körpern, immer ein oder zwei oder drei Film- und Fernsehgrößen mit von der Partie, oft auch ein frisch aus dem Tenniszirkus ausgestiegener Spieler. *Das schöne daran ist, daß das Justizministerium immer noch den gleichen Anteil abkriegt*, konnte sie Wynn am Telefon sagen hören und dann, mit der Hand auf der Muschel, *bestell den Leuten, die du fürs Essen gebucht hast, daß es Zeit ist, den Lunch zu liefern.* An diesem Sonntagmittag würde alles wie gewohnt laufen, mit einer Ausnahme: Wynns Büro und nicht Elena würde den Partyservice anrufen, der den Lunch lieferte.

Die großen Stellas würden noch immer den Eingang flankieren.

Wynn würde immer noch nachts aufwachen, wenn die Ebbe eintrat und das Meer still wurde.

Verdammt, was ist da draußen los.

Der Duft von Jasmin, der kleine See aus Jakarandablüten, ein Blau, so tief, daß man darin ertrinken konnte.

Wir hatten doch unser Leben, und jetzt ist es kein wirkliches Leben mehr, und bloß weil ich deine Tochter bin, soll mir das jetzt gefallen, aber mir gefällt es nicht.

Was hattest du denn genau in Malibu, hatte sie Catherine gefragt, und Catherine war direkt in die Falle gelaufen, nichtsahnend. In Malibu mußte man nur die Tür aufmachen, und schon war man am Meer, sagte Catherine. Und dann der Whirlpool. Und der Swimmingpool.

Noch was, hatte sie Catherine gefragt, mit unbewegter Stimme.

Der Tennisplatz.

Ist das alles?

Die drei Autos, sagte Catherine nach einer kurzen Pause. Wir hatten drei Autos.

Ein Whirlpool, hatte sie zu Catherine gesagt. Ein Swimmingpool. Ein Tennisplatz. Drei Autos. Ist das deine Vorstellung vom wirklichen Leben?

Catherine, bloßgestellt, gedemütigt, hatte den Hörer hingeknallt.

Der Duft von Jasmin, der kleine See aus Jakarandablüten.

Eine genauso unhaltbare Vorstellung vom wirklichen Leben.

Darüber hatte sie nachgedacht, als Catherine zurückrief.

Ich hatte meinen Vater, vielen Dank auch.

Sie war sogar fast soweit, Catherine hinter sich zu lassen.

Sie wußte, daß sie fast soweit war. Sie kannte die Anzeichen. Sie schaffte es nicht mehr, an Catherine dranzubleiben. Sie schaffte es nicht mehr, mit Catherine Schritt zu halten. Wenn sie auch nur daran denken konnte, Catherine hinter sich zu lassen, dann konnte sie natürlich auch das Haus in Sweetwater hinter sich lassen. Daß sie es nicht tat, war nach Ansicht mancher Leute in Miami der Beginn dieser Story.

10 Ich habe des öfteren darauf hingewiesen, daß ich nicht die Absicht hatte, irgendwelche autobiographischen Notizen zu verfassen oder irgendeine Version der Ereignisse festzuhalten, die ich beobachtet und beeinflußt habe. Es ist meine feste und seit langem gehegte Überzeugung, daß Ereignisse, gute wie schlechte, für sich selbst sprechen, daß sie gleichsam auf ihren eigenen Endzweck hinarbeiten. Allerdings muß ich nach Durchsicht der veröffentlichten Berichte über einige dieser Ereignisse konstatieren, daß meine persönliche Rolle darin ungenau oder sogar verfälscht dargestellt worden ist. Daher mein Entschluß, mich an diesem Sonntagmorgen im August, an dem als Vorboten eines tropischen Sturms aus Südost schon heftige Regenfälle eingesetzt haben, genau hier, im Umkreis dieses Büros im Außenministerium der Stadt Washington, District of Columbia, das ich demnächst räumen werde, in der gebotenen Knappheit und mit dem Maß an Detailtreue, das mit den Sicherheitsinteressen unseres Landes vereinbar ist, über gewisse Maßnahmen zu äußern, die ich 1984 im Zusammenhang mit der Angelegenheit getroffen habe, die später als die letale im Gegensatz zur humanitären Hilfe bekannt wurde.»

Mit diesen Worten beginnt die vierhundertsechsundsiebzig Seiten lange Abschrift der auf Band aufgenommenen Erklärung, die Treat Morrison der Bancroft Library in Berkeley überlassen hat, allerdings mit der Auflage, sie der

Forschung erst fünf Jahre nach seinem Tod zugänglich zu machen.

Diese fünf Jahre sind nun vorüber.

Genauso vorüber wie – und dies dürfte sein Kalkül gewesen sein – das vielleicht letzte schwache Aufflackern von Interesse an der Angelegenheit, die später als die letale im Gegensatz zur humanitären Hilfe bekannt wurde.

So sieht es jedenfalls aus.

Denn sieben Jahre nach Treat Morrisons Tod und zwei Jahre nach Ablauf der Sperrfrist bin ich nach wie vor der einzige Mensch, der diese Unterlagen je angefordert hat.

MORRISON, TREAT AUSTIN Sonderbotschafter; geb. 3. März 1930 in San Francisco (Vater: Francis J. M., Mutter: Margaret, geb. Austin); verh. s. 1953 mit Diane, geb. Waring († 1983); B. A. a. d. Univ. of Cal. in Berkeley; 1956 Dipl. am National War College; 1951 Ltnd. U.S. Army, Dienst in Korea, Deutschland; 1953–54 Mil.-Attaché in Chile; 1955 Pers. Referent des Kommandeurs SHAPE, Paris; 1956–57 Attaché b. US-Mission europ. Führungsstab Brüssel

Mit diesen Worten beginnt Treat Morrisons Eintrag im *Who's Who*.

Und im selben Tenor geht es auch weiter.

Aufgeführt sind sämtliche Spezialeinsätze, selbst die Ausflüge in den privaten Sektor.

Alles dokumentiert.

Alles, bis hin zu *Dienstanschr.: Dept. of State, 2201 C. St., N.W., Washington, D.C. 20520.*

Ohne auch nur eine Ahnung von Treat Morrisons eigentlicher Tätigkeit zu vermitteln.

Die darin bestand, Dinge in Ordnung zu bringen.

Das Bemerkenswerte an diesen vierhundertsechsundsiebzig Seiten, die Treat Morrison der Bancroft Library überließ, und ebenso an seinem *Who's Who*-Eintrag ist weniger das, was drinsteht, als das, was nicht drinsteht. Was drinsteht, ist einigermaßen vorhersehbar, *Globalismus versus Regionalismus, Boland Amendment, gescheiterte Nationen, angemessene Interventionen, multilateraler Zugang, Direktive 25, Resolution 427, nicht eingehaltene Kriterien*, also nichts, was Treat Morrison nicht auch beim Council of Foreign Relations hätte vortragen können beziehungsweise dort vorgetragen hat, in dem holzgetäfelten Raum mit dem Porträt von David Rockefeller und den alten Männern, die ständig einnickten, und den jungen Männern, die ständig aus Lehrbüchern geklaute Fragen stellten, und den gertenschlanken jungen Frauen vom Stab, die hinten an der Wand wie Geishas standen, hoch im Shuttle, dann schnell der Rückflug mit einem von den Wirtschaftstypen, von denen man vielleicht zur Abwechslung mal was lernen kann, Sie würden sich wundern, die haben ihre eigenen Einschätzungen, ihre eigenen Risikoanalysten, keine Bürokratie, keine Verpflichtung auf abgedroschene Ideologien, keine von diesen aus Lehrbüchern geklauten Fragen, die haben es nicht nötig, Radfahrer zu spielen, diese Wirtschaftstypen sind uns Lichtjahre voraus.

Manchmal.

Vierhundertsechsundsiebzig Seiten über angemessene Interventionen und keinerlei Hinweis darauf, daß eine angemessene Intervention für Treat Morrison eine Intervention war, in der man, wenn alle Stricke reißen, immer noch die eigenen Leute ausfliegen kann.

Vierhundertsechsundsiebzig Seiten mit nur einer einzigen indirekten Anspielung auf Treat Morrisons ziemlich eklatante Gleichgültigkeit gegenüber den üblichen Interessen und Belangen seines Berufs, nur ein schwaches Aufblitzen seiner ausgeprägten Fehlanpassung, die darin bestand, daß er als ein Manipulator des Abstrakten sich ausschließlich für das Konkrete interessierte. Diese Fehlanpassung schimmert durch in *als Vorboten eines tropischen Sturms aus Südost schon heftige Regenfälle eingesetzt haben*, eine winzige Entgleisung vor dem eleganten Rettungsmanöver durch *genau hier, im Umkreis dieses Büros im Außenministerium der Stadt Washington, District of Columbia, das ich demnächst räumen werde.*

Und keinerlei Hinweis auf seinen starren, leicht verrückten Blick.

Weiter gischtverhangner Blick zum Paradies, hatte Elena McMahon gesagt, als sie zum ersten Mal mit ihm allein war.

Er sagte nichts.

Ein Gedicht, sagte sie.

Er sagte immer noch nichts.

Galeonen von karibischem Feuer, sagte sie, da-dam-da-dam, *des Seehunds weiter gischtverhangner Blick zum Paradies.*

Er beobachtete sie stumm. Diane hat Lyrik gelesen, sagte er dann.

Ein Schweigen war eingetreten.

Diane war seine Frau.

Diane war tot.

Diane Morrison, 52, geliebte Frau, nach kurzer Krankheit, im Namen der Angehörigen, statt Blumen.

Ich dachte nicht an die Stelle mit dem karibischen Feuer, hatte Elena schließlich gesagt.

O doch, hatte Treat Morrison gesagt.

11 Was wir an dieser Stelle gern hätten, wäre eine Montage, musikalisch untermalt. *Schwenk auf Elena.* Allein an dem Pier, wo ihr Vater die *Kitty Rex* festgemacht hat. Mit der Spitze ihrer Sandale schiebt sie einen Holzsplitter von einer Bohle hoch. Sie nimmt ihren Schal ab, schüttelt ihr Haar aus, das feucht ist von der süßen, schweren Luft Südfloridas. *Schwenk auf Barry Sedlow.* Er steht an den Tresen der Holzbuden gelehnt, direkt unter dem Schild mit der Aufschrift BOOTSVERLEIH SPRIT KÖDER BIER MUNITION. Während er auf sein Wechselgeld wartet, beobachtet er Elena durch die Fliegengittertür. *Schwenk auf Ladeninhaber.* Er schiebt eine Tausenddollarnote unter das Tablett der Registrierkasse, rückt das Tablett wieder gerade, zählt Hunderter ab.

Ein Ort, wo Hunderter als Zahlungsmittel noch anstandslos akzeptiert werden.

Dort in der süßen, schweren Luft Südfloridas.

So nah an Havanna, daß man meint, die zweifarbigen Impalas auf dem Malécon sehen zu können.

Verdammt, was haben wir da auf die Pauke gehauen.

Die Musik würde die süße, schwere Luft rüberbringen, die Musik würde Havanna rüberbringen.

Stellen Sie sich die passende Musik zu folgender Szene vor: Barry Sedlow faltet die Scheine und schiebt sie ohne hinzusehen in seinen Geldclip, stößt die Fliegengittertür mit einem Fuß auf, und als er sich jetzt hinaus auf den Pier bewegt, vermittelt irgend etwas in seinem Gang eine eindeutige Projektion dessen, was eine weniger skeptische Frau als Elena auf die irrige Idee bringen könnte (*könnte, möchte, würde, dürfte, müßte*), es ginge um ein sexuelles Angebot. *Nahaufnahme von Elena.* Sie beobachtet Barry Sedlow.

«Sieht aus, als würden Sie auf jemanden warten», sagt Barry Sedlow.

«Ich glaube, auf Sie», sagt Elena McMahon.

Am Samstag, dem 16. Juni, hatte ihr Vater abends plötzlich Fieber bekommen. Sie hatte gemerkt, daß etwas nicht stimmte, weil der Drink, den er sich um sieben Uhr gemacht hatte, auch um zehn noch unangerührt war, flockig-trübe vom geschmolzenen Eis.

«Ich weiß nicht, was dieser Schlappschwanz sich davon versprochen hat, hier aufzutauchen», sagte er gegen Mitternacht.

«Welcher Schlappschwanz», fragte sie.

«Wie heißt er noch mal – Epperson, Max Epperson, der, mit dem du heut abend rumgeschäkert hast.»

Sie sagte nichts.

«Na komm schon», sagte er. «Hast du deine Zunge verschluckt?»

«Ich kann mich nicht erinnern, daß ich heute abend jemanden gesehen hätte – außer dir natürlich», sagte sie schließlich.

«Epperson. Nicht der Kerl mit dem albernen Hemd. Der andere.»

Sie hatte ihre Antwort vorsichtig formuliert. «Wahrscheinlich war ich von beiden nicht besonders beeindruckt.»

«Von Epperson warst du aber schwer beeindruckt.»

Sie hatte überlegt. «Hör doch mal», hatte sie dann gesagt. «Es war niemand da.»

«Wie du meinst», sagte er.

Sie war zu einem durchgehend geöffneten Drugstore gefahren, um ein Fieberthermometer zu kaufen. Als sie es schließlich schaffte, seine Temperatur zu messen, hatte er knapp 39 Grad. Am nächsten Morgen war das Fieber auf 39,3 gestiegen, und daraufhin brachte sie ihn in die Notaufnahme des Jackson Memorial. Es war nicht das nächstgelegene Krankenhaus, aber das einzige in der Gegend, das sie schon von innen gesehen hatte; ein Regisseur, den sie aus der Zeit mit Wynn kannte, hatte dort einmal gedreht, in Catherines Osterferien, und sie waren zusammen hingefahren, um den Drehort zu besichtigen. Nichts, wogegen nicht ein ordentlicher Schluck Bourbon hilft, hatte ihr Vater in der Notaufnahme gesagt, als die Krankenschwester fragte, was ihm fehle. Mittags war er schon auf Station, und sie hatte die Formulare unterschrieben und sich über den Unterschied zwischen den Versicherungsformen Medicare A und B aufklären lassen, und als sie dann wieder in sein Zimmer kam, hatte er bereits versucht, sich den Infusionsschlauch aus dem Arm zu reißen, und die Bettlaken waren voller Blut, und er weinte.

«Hol mich hier raus», sagte er. «Verdammt noch mal, hol mich hier raus.»

Die zuständige Krankenschwester war nicht auf Station, und als sie endlich zurückkam und ihn wieder an den Tropf hängte, war die Krankenschwester, die den Schlüssel für den Betäubungsmittelschrank verwahrte, nicht auf Station, und daher wurde es fast fünf Uhr, bis er sediert werden konnte. Am nächsten Morgen war das Fieber auf knapp 38 Grad gefallen, aber seine Gedanken hatten nur um Max Epperson gekreist. Epperson ließ ihn im Regen stehen. Epperson hatte die Zahl von drei Dollar das Stück für 69er ins Spiel gebracht, und jetzt behauptete er, der Marktpreis sei auf zwei Dollar das Stück gefallen. Jemand mußte mal Tacheles mit Epperson reden, Epperson konnte den ganzen Deal vermasseln, Epperson war doch vom Mond, hatte keinen blassen Schimmer von dem Geschäft, in dem er mitmischte.

«Ich bin mir nicht sicher, ob ich weiß, in welchem Geschäft Epperson mitmischt», sagte sie.

«Ja, Herrgott noch mal, wo die Brüder halt alle so mitmischen», sagte ihr Vater.

Sie würden weitere Blutsenkungen machen müssen, bevor sie eine Diagnose stellen konnten, sagte der Assistenzarzt. Der Assistenzarzt trug ein rosa Polohemd und hielt den Blick ständig auf das Schwesternzimmer gerichtet, als könne er so Abstand von der Situation und von Elena wahren. Sie würden eine CT machen müssen, einen Kernspin und noch etwas, dessen Namen Elena nicht mitbekam. Natürlich würden sie eine psychiatrische Untersuchung veranlassen, obwohl der Nachweis einer geistigen Verwirrung an sich noch kein diagnostisches Kriterium darstelle. Eine solche geistige Verwirrung, wenn es sich denn überhaupt um eine geistige Verwirrung handle, sei eher nebensächlich, eine sekundäre Komplikation. Und welche Diagnose auch immer gestellt werden mochte, eine Fieberpsychose sei bei einem Patienten diesen Alters bei dieser hohen Temperatur nichts Außergewöhnliches.

«Er ist gar nicht so alt», sagte sie. Diese Bemerkung war unnötig provokativ, aber sie konnte den Assistenzarzt einfach nicht leiden. «Er ist vierundsiebzig.»

«Nach Eintritt des Rentenalters ist generell mit Einschränkungen zu rechnen.»

«Er ist auch noch nicht in Rente.» Sie konnte sich anscheinend nicht zurückhalten. «Er ist noch sehr aktiv.»

Der Assistenzarzt zuckte die Achseln.

Gegen Mittag erschien ein zweiter Assistenzarzt, um die

psychiatrische Untersuchung vorzunehmen. Auch er trug ein Polohemd, ein minzgrünes, und auch er wich Elenas Blick aus. Sie hielt den Blick auf die Schilder gerichtet, die im Zimmer hingen, und bemühte sich, nicht zuzuhören. 1/0. NUR FÜR INFEKTIÖSES MATERIAL. «Es ist nichts weiter als ein kleines Spiel», sagte der Assistenzarzt der Psychiatrie. «Können Sie mir den Namen des derzeitigen Präsidenten der Vereinigten Staaten nennen?»

«Tolles Spiel», sagte Dick McMahon.

«Lassen Sie sich nur Zeit», sagte der Assistenzarzt der Psychiatrie. «Lassen Sie sich von mir nur nicht hetzen.»

«Das wär ja noch schöner.»

Darauf trat ein Schweigen ein.

«Daddy», sagte Elena.

«Ich hab das Spiel schon kapiert», sagte Dick McMahon. «Ich soll Herbert Hoover sagen, dann steckt er mich ins Heim.» Er kniff die Augen zusammen. «Also schön. *Glücksrad.* Herbert Hoover.» Er unterbrach sich, um den Assistenzarzt der Psychiatrie zu beobachten. «Franklin Delano Roosevelt. Harry S. Truman. Dwight David Eisenhower. John Fitzgerald Kennedy. Lyndon Baines Johnson. Richard Milhous Nixon. Gerald Wie-hieß-er-noch, der dauernd über die eigenen Füße gestolpert ist. Jimmy Soundso. Der Betbruder. Dann der jetzige. Der, auf den dieser alte Blödmann nicht kommen soll. Der andere alte Blödmann. Reagan.»

«Ganz hervorragend, Mr. McMahon», sagte der Assistenzarzt der Psychiatrie. «Dafür haben Sie den ersten Preis verdient.»

«Der erste Preis besteht darin, daß Sie verschwinden.» Dick McMahon drehte sich mühsam von dem Assistenzarzt weg und schloß die Augen. Als er sie wieder öffnete, richtete er den Blick auf Elena. «Komischer Zufall, daß dieses

Arschloch das Thema ausgerechnet auf Präsidenten bringt, womit wir wieder bei Epperson wären.» Seine Stimme klang erschöpft, sachlich. «Weil Epperson mit Dallas zu tun hatte, mit der Sache da. Hab ich dir das eigentlich je erzählt?»

Elena sah ihn an. Sein Blick war vertrauensvoll, die blaßblauen Augen rotgerändert. Es war ihr nie in den Sinn gekommen, daß er wissen könnte, wer mit Dallas zu tun gehabt hatte. Aber es überraschte sie auch nicht. Wenn sie es sich recht überlegte, konnte er natürlich gewußt haben, wer mit dieser oder jener Sache zu tun hatte, aber jetzt war es zu spät, der Prozessor funktionierte nicht mehr zuverlässig. Der Versuch, herauszufinden, was Dick McMahon wußte, würde nichts weiter erbringen als beschädigte Dateien, falsch verkettete Daten, verlorene Cluster, aus denen heraus sich das Phantom Max Epperson nicht nur im Texas School Book Depository materialisieren würde, sondern auch in einem Zimmer des Lorraine-Hotels in Memphis zusammen mit Sirhan Sirhan und Santos Trafficante und Fidel und einem von den Murchisons.

«Was für eine Sache in Dallas ist das, Mr. McMahon», fragte der Assistenzarzt der Psychiatrie.

«Nur ein Viehgeschäft, das er in Texas abgewickelt hat.» Elena brachte den Assistenzarzt zur Tür. «Er sollte jetzt schlafen. Im Moment ist das alles zuviel für ihn.»

«Sag bloß nicht, daß er immer noch da ist», murmelte Dick McMahon, ohne die Augen aufzumachen.

«Er ist gerade gegangen.» Elena setzte sich auf den Stuhl an seinem Bett und nahm seine Hand. «Alles in Ordnung. Es ist niemand mehr hier.»

Innerhalb der nächsten paar Stunden wachte ihr Vater mehrmals auf und fragte nach der Uhrzeit, dem Datum, jedesmal mit einem Anflug von Panik in der Stimme.

Er müsse irgendwo sein.

Er müsse ein paar Dinge erledigen, ein paar Leute treffen.

Ein paar Leute würden auf seinen Anruf warten.

Die Dinge, die er erledigen müsse, könnten nicht warten.

Die Leute, die er treffen müsse, müsse er sofort treffen.

Später am Tag verdunkelte sich der Himmel, und sie machte das Fenster auf, um zu fühlen, wie die Luft in Bewegung geriet. Erst dann, als die zuckenden Blitze am Horizont und das Donnerrollen einen Schutzwall schafften, einen geschützten Raum, in dem Dinge ohne Angst vor den Folgen gesagt werden konnten, erst dann begann Dick McMahon Elena zu erzählen, wen genau er treffen mußte, was genau er erledigen mußte. *Als Vorboten eines tropischen Sturms haben schon heftige Regenfälle eingesetzt.* Daß er es nicht erledigen konnte, war offensichtlich. Daß sie es auf sich nehmen würde, die Sache für ihn zu erledigen, war allerdings weniger offensichtlich.

12 Heute ist es gar nicht mehr so leicht, die eigentlich düstere Stimmung nachzuvollziehen, die 1984 kennzeichnete. Ich lese noch einmal die Zeitungsausschnitte, um Ihnen vielleicht *verbatim* jenes Zeitgefühl vermitteln zu können, das Überhitzte, das künstlich Machistische, wie sehr es darum ging, eine bestimmte Art von sentimentaler Pose einzunehmen und aufrechtzuerhalten. Viele Leute scheinen rings um den unbewegten, vielleicht auch unbeweglichen Mittelpunkt dieser Zeit mit Papageien oder sogar Äffchen auf den Schultern herumspaziert zu sein. Viele Leute scheinen in dieser Zeit beschlossen zu haben, sich nicht als das auszugeben, was sie waren, sondern als «Lademeister» oder «Frachtagenten» oder «Rosenimporteure» oder, was dann irgendwann mit verblüffender Häufigkeit vorzukommen schien, als «dänische Journalisten». Es war eine Zeit, in der viele Leute gewußt zu haben scheinen, wie man unentdeckt über die Golfküste der Vereinigten Staaten fliegen konnte: nämlich niedrig und langsam, auf fünfhundert bis tausend Fuß Höhe, um so mühelos einzutauchen in den Hubschrauberverkehr von und zu den Bohrtürmen im Golf. Es war eine Zeit, in der viele Leute gewußt zu haben scheinen, wie man unentdeckt über ausländische Küstengebiete fliegen konnte: nämlich mit Bargeld, um sich ein offenes Türchen zu kaufen. Es war eine Zeit, in der eine nicht unbedeutende Minderheit der US-amerikanischen Gesellschaft begriffen zu haben schien, wie man für humanitäre Hilfsmaßnahmen zweckgebundene Mittel, selbst wenn staatliche Prüfer die Konten überwachen, zu dringender notwendigen Maßnahmen umleiten konnte.

Kinderspiel, sagte Barry Sedlow zu Elena.

Es sei nicht sein Fachgebiet, aber er kenne Leute, die sich darauf spezialisiert hätten.

Suchen Sie sich einen kleinen Händler in irgendeinem befreundeten Land, in, sagen wir, Honduras oder Costa Rica. Bitten Sie diesen Händler um einen Vorvertrag mit einem schriftlichen Angebot für den Kauf von, sagen wir, eintausend Paar grünen Jeans Marke Lee, eintausend grünen T-Shirts und eintausend Paar grünen Gummistiefeln. Geben Sie ausdrücklich vor, daß das Wort «Angebot» nicht auf dem Vorvertrag erscheint. Legen Sie dann dieses Formular, auf dem, sagen wir, die vereinbarte Summe von $ 25 850 steht, aber ohne jeden Hinweis darauf, daß es sich nur um ein Angebot handelt, bei der Agentur vor, die dafür zuständig ist, besagte humanitäre Hilfe auszubezahlen, und bitten Sie darum, die fällige Rückerstattung in Höhe von $ 25 870 auf Ihr Konto bei der Citibank in Panama zu überweisen. Beauftragen Sie die Citibank in Panama, die $ 25 870 per telegrafischer Überweisung auf dieses oder jenes «Maklerkonto» zu transferieren, beispielsweise auf das Konto einer Drittfirma bei der Consolidated Bank in Miami, ein Konto, das ausschließlich zu dem Zweck eingerichtet wurde, diese Mittel in Empfang zu nehmen und für anstehende Aufgaben zur Verfügung zu stellen.

Die Aufgabe, sagen wir, Dick McMahon auszuzahlen.

Es gibt Leute, die einen Blick für solche Transaktionen haben, und andere, die diesen Blick nicht haben. Diejenigen, die ihn haben, sind im Grunde ihres Herzens Märchenerzähler, Verschwörungstheoretiker, die solche Kicks immer wieder brauchen, und sie haben sofort den Blick dafür, sie sehen sofort das Machbare, erkennen sofort die Chancen. Für diejenigen, die eine Ladenfront in Honduras oder Costa Rica betrachten und die darinliegenden Chancen erkennen konnten, die Staatskasse der USA um $ 25 870 anzuzapfen, war dies eine Zeit, in der es keine Informationen gab, die nicht irgendwo von Interesse sein konnten. Alle Momente schienen sich mit allen anderen Momenten verknüpfen zu können, jede Aktion schien logische, wenn auch unabsehbare Folgen zu haben – ein Erzählstrom, so lebhaft wie komplex. Daß Elena McMahon sich in dieses soviel intensivere Leben hineinbegab und es kurze Zeit auch mitspielte, macht ihre Geschichte für mich so interessant, weil sie eben nicht zu denen gehörte, die sofort erkennen können, wie sich die verschiedenen Momente verknüpfen.

Ich hatte geglaubt, in Treat Morrisons schriftlichem Vermächtnis auch seine Version der Gründe zu finden, warum sie es getan hat. Ich hatte mir vorgestellt, sie würde ihm schon erzählt haben, was sie weder dem FBI- noch dem DIA-Agenten, die sie befragten, erzählen wollte oder konnte. Ich hatte mir vorgestellt, daß Treat Morrison seine Schlußfolgerungen aus dem, was auch immer sie ihm erzählt hatte, zu gegebener Zeit schriftlich niedergelegt hatte.

Aber in diesen vierhundertsechsundsiebzig Seiten findet sich keinerlei Hinweis darauf.

Statt dessen erfuhr ich, daß sich das, was er als «einen gewissen Zwischenfall, der sich 1984 im Umfeld einer unserer Botschaften in der Karibik ereignete», nannte, seiner Meinung nach nicht hätte ereignen dürfen.

Daß er sich nicht hätte ereignen dürfen und daß er nicht vorhergesehen werden konnte.

«Nach menschlichem Ermessen», wie er es formulierte.
Trotzdem, fügte er hinzu. Ein Einwand. *In situ* hätte dieser gewisse Zwischenfall vorhergesehen werden können.

Was auf die Frage hinauslief, schrieb er, ob Politik sich auf das stützen sollte, was von Leuten gesagt, geglaubt oder gewünscht wurde, die in vollklimatisierten Räumlichkeiten in Washington oder New York herumsaßen, oder ob Politik sich auf das stützen sollte, was von den Leuten wahrgenommen und berichtet wurde, die tatsächlich vor Ort waren. Die Sicherheitsvorschriften hielten ihn davon ab, nähere Einzelheiten dieses Zwischenfalls zu erörtern, und daher erwähne er ihn nur als Veranschaulichung dessen, daß es durchaus wünschenswert wäre, wenn man auf die Leute hören würde, die vor Ort waren.

Kein Kommentar, wie die Leute, die tatsächlich vor Ort waren, geschult waren zu sagen, wenn sie gefragt wurden, was sie taten oder wo sie sich aufhielten oder ob sie einen Drink wollten oder sogar, wie spät es war.

Kein Kommentar.

Vielen Dank.

Auf Wiedersehen.

Elena McMahon war diesbezüglich nicht geschult, aber auch sie war vor Ort.

Vor kurzem saß ich bei einem Dinner in Washington neben einem Reporter, der zur fraglichen Zeit am fraglichen Ort recherchiert hatte. Nach ein paar Gläsern Wein wandte er sich an mich und erklärte mir mit gesenkter Stimme, daß nichts, was ihm seit diesem Erlebnis passiert sei, nicht einmal die Geburt seiner Kinder oder seine Einsätze in einigen weniger obskuren Kriegen in einigen weniger obskuren Teilen der Welt, ihm so sehr das Gefühl gegeben habe, lebendig zu sein, wie jeder Morgen, an dem er genau in der Zeit genau da vor Ort aufgewacht war.

Bis Elena McMahon genau da vor Ort aufwachte, sah sie ihr Leben nicht als eines an, in dem auch nur irgend etwas passiert war.

Kein Kommentar. Vielen Dank. Auf Wiedersehen.

13 Ihr erstes Treffen mit Barry Sedlow fand an dem Tag statt, als ihr Vater aus dem Krankenhaus kam. Sie werden sich freuen zu hören, daß Sie hier morgen rauskommen, hatte der Assistenzarzt zu ihrem Vater gesagt, und sie war ihm bis ins Schwesternzimmer gefolgt. «Er ist noch nicht soweit, daß er nach Hause kann», hatte sie dem Assistenzarzt geantwortet, der ihr den Rücken zuwandte.

«Nein, nicht nach Hause.» Der Assistenzarzt hatte nicht von der Krankenakte hochgesehen, die er gerade studierte. «Deswegen sollten Sie die Maßnahme, die Ihnen am geeignetsten erscheint, mit unserer Entlassungskoordinatorin absprechen.»

«Aber Sie haben mir doch eben zugestimmt. Er ist noch nicht soweit, daß er entlassen werden kann. Und deshalb halte ich es für das Sinnvollste, daß er im Krankenhaus bleibt.»

«Er kann nicht im Krankenhaus bleiben», sagte der Assistenzarzt ungerührt. «Also wird er entlassen. Und er wird nicht in der Lage sein, für sich zu sorgen.»

«Genau. Darauf wollte ich hinaus.» Sie bemühte sich um einen angemessenen Ton. «Wie Sie selbst sagen, wird er nicht in der Lage sein, für sich zu sorgen. Und daher meine ich, er sollte im Krankenhaus bleiben.»

«Sie haben die Möglichkeit, mit unserer Entlassungskoordinatorin eine akzeptable Vereinbarung für häusliche Pflege zu treffen.»

«Akzeptabel für wen?»

«Für unsere Entlassungskoordinatorin.»

«Also hängt es von Ihrer Entlassungskoordinatorin ab, ob er hier bleibt oder nicht?»

«Nein, dafür ist Dr. Mertz zuständig.»

«Ich hatte bisher keinen Kontakt mit Dr. Mertz.»

«Dr. Mertz ist der behandelnde Oberarzt. Aufgrund meiner Empfehlung hat Dr. Mertz die Entlassung genehmigt.»

«Also sollte ich mit Dr. Mertz sprechen?»

«Dr. Mertz ist diese Woche nicht im Dienst.»

Sie hatte einen neuen Anlauf genommen. «Hören Sie, falls das irgend etwas mit der Versicherung zu tun hat – ich habe unterschrieben, daß ich die volle Verantwortung trage. Ich werde alle Kosten übernehmen, für die die Versicherung nicht aufkommt.»

«Darüber bin ich im Bilde. Aber er bleibt trotzdem nicht hier.»

«Und warum nicht?»

«Weil er, falls Sie keine akzeptable Vereinbarung treffen», sagte der Assistenzarzt, während er die Kappe von seinem Füllfederhalter abschraubte und die Spitze mit einem Papiertaschentuch abwischte, «morgen früh in ein Genesungsheim verlegt wird.»

«Das können Sie nicht machen. Ich bringe ihn da nicht hin.»

«Das müssen Sie auch nicht. Das Heim schickt einen Wagen.»

«So habe ich es nicht gemeint. Ich wollte sagen, Sie können nicht einfach jemanden in ein Pflegeheim schicken.»

«Doch, das können wir. Das tun wir sogar ständig. Es sei denn, versteht sich, daß die Familie eine anderweitige akzeptable Vereinbarung mit unserer Entlassungskoordinatorin getroffen hat.»

Darauf war ein Schweigen eingetreten. «Und wie erreiche ich diese Entlassungskoordinatorin?» hatte sie dann gefragt.

«Ich könnte sie bitten, im Zimmer des Patienten vorbeizukommen.» Der Assistenzarzt hatte seinen Füllfederhalter wieder zugeschraubt und in der Brusttasche seines Polohemdes verstaut. Er schien nicht recht zu wissen, was er mit dem Papiertaschentuch machen sollte. «Sobald sie einen Moment Zeit hat.»

«Jemand hat mir meine verdammten Schuhe weggenommen», hatte ihr Vater gesagt, als sie in sein Zimmer zurückkam. Er saß auf der Bettkante, machte sich den Gürtel zu und versuchte gleichzeitig, seinen Arm aus dem Krankenhauskittel zu winden. «Ohne meine verdammten Schuhe kann ich hier doch nicht raus.» Sie konnte nicht feststellen, ob er beabsichtigte, einfach aus dem Krankenhaus hinauszumarschieren, oder ob er den Assistenzarzt mißverstanden hatte, aber sie suchte ihm seine Schuhe und sein Hemd, zog ihm das Jackett über den schmalen Schultern zurecht und führte ihn am Schwesternzimmer vorbei in den Fahrstuhl.

«Du wirst eine Pflegekraft brauchen», hatte sie vorsichtig gesagt, als die Fahrstuhltüren sich schlossen.

Ihr Vater hatte genickt, offensichtlich bereit, sich diesem strategischen Kompromiß zu beugen.

«Ich werde bei einem ambulanten Dienst anrufen und darum bitten, daß sie uns sofort jemanden schicken», hatte sie gesagt, die Gunst der Stunde nutzend. «Heute noch.»

Und wieder hatte ihr Vater genickt.

Während Elena, eingelullt von dem so leicht errungenen Sieg über die Krankenhausverwaltung, noch die unerwartete väterliche Gefügigkeit genoß – seit ein paar Stunden waren sie wieder in Sweetwater, die Pflegerin machte es sich gerade vor dem Fernseher gemütlich, nachdem das Bett frisch bezogen und einen Eiweißdrink mit einem Schuß Bourbon (ein weiterer strategischer Kompromiß, diesmal mit der Pflegerin) bereitgestellt war –, verkündete Dick McMahon plötzlich, er brauche seine Autoschlüssel, und zwar sofort.

«Ich hab dir das doch erzählt», sagte er, als sie ihn fragte, wozu. «Ich muß jemanden treffen. Er wartet auf mich.»

«Ich hab dir das doch erzählt», sagte er, als sie ihn fragte, wen. «Ich hab dir doch von dem Geschäft erzählt.»

«Hör bitte auf mich», sagte sie schließlich. «Du bist längst nicht in der Verfassung, irgend etwas zu tun. Du bist geschwächt. Du kannst noch nicht klar denken. Du würdest einen Fehler machen. Du würdest riskieren, daß dir etwas zustößt.»

Ihr Vater hatte zunächst nicht geantwortet, sondern sie nur mit seinen blaßblauen tränenden Augen fixiert.

«Du hast doch keine Ahnung, was jetzt losgeht», sagte er dann. Sie hörte die Hilflosigkeit in seiner Stimme, die Verwirrung.

«Ich möchte bloß nicht, daß dir etwas zustößt.»

«Herrgott noch mal», sagte er dann und ließ den Kopf zur Seite fallen, als gäbe er sich geschlagen. «Dieses Geschäft wäre unheimlich wichtig für mich.»

Sie hatte seine Hand genommen.

«Was jetzt losgeht», hatte er wiederholt.

«Ich kümmere mich darum», hatte sie gesagt.

Und so geschah es, daß Elena McMahon eine Stunde später auf dem Pier stand, wo die *Kitty Rex* vor Anker lag. *Sieht aus, als würden Sie auf jemanden warten*, sagte Barry Sedlow. *Ich glaube, auf Sie*, sagte Elena McMahon.

Ihr zweites Treffen mit Barry Sedlow sollte um Punkt dreizehn Uhr, wie er sich ausdrückte, in der Lobby des Omni-Hotels am Biscayne Boulevard stattfinden. Sie sollte sich neben den Eingang zum Restaurant setzen, so als warte sie auf jemanden, mit dem sie zum Lunch verabredet war.

Aufgrund des mittäglichen Stoßverkehrs würde sie nicht auffallen.

Wenn er nicht bis zu dem Zeitpunkt erschiene, wo der mittägliche Stoßverkehr abebbte, sollte sie gehen, weil sie sonst auffallen würde.

«Wieso sollten Sie nicht erscheinen?» hatte sie gefragt.

Barry Sedlow hatte eine 800er-Telefonnummer auf die Rückseite einer Karte mit dem Aufdruck KROME GUN CLUB geschrieben und sie ihr gegeben, bevor er antwortete. «Könnte sein, daß mir die Atmosphäre nicht gefällt», hatte er dann gesagt.

Sie war um eins gekommen. Es hatte den ganzen Vormittag über heftig geregnet, und überall war Wasser, Wasser, das an der schwarzgekachelten Wand hinter dem Springbrunnen in der Lobby hinablief, Wasser, das über die Unterwasserleuchten des Beckens blubberte, Wasser, das auf den Flachdächern und rings um die Lüftungsschächte in Pfützen stand und gegen ein aufgekipptes Fenster im fünften Stock pladderte. Hier, im kühlen Luftstrom der Klimaanlage, fühlte sich ihre Kleidung klamm an, klebrig, und nach einer Weile stand sie auf und schlenderte durch die Lobby, um sich ein wenig aufzuwärmen. Selbst die Musik des Karussells in der Einkaufspassage ein Stockwerk tiefer klang gedämpft, verzerrt, wie Unterwassergedröhn. Sie stand am Geländer und sah auf das Karussell hinunter, als sie von einer Frau angesprochen wurde.

Die Frau hielt einen aufgeschlagenen Stadtplan in den Händen.

Die Frau entschuldigte sich, sie wolle nicht stören, aber ob Elena vielleicht wisse, welches der beste Weg zur I-95 sei.

Elena erklärte ihr den besten Weg zur I-95.

Um drei Uhr hatte sich das Restaurant geleert, und Barry Sedlow war nicht erschienen. Von einem Fernsprecher in der Lobby wählte sie die 800er-Nummer, die Barry Sedlow ihr gegeben hatte, und stellte fest, daß sie mit einem Beeper verbunden war. Sie gab die Nummer des Fernsprechers in der Omni-Lobby ein, aber als das Telefon bis vier Uhr nicht geläutet hatte, entschloß sie sich zum Gehen.

Das Telefon in dem Haus in Sweetwater läutete um Mitternacht.

Elena zögerte erst, nahm dann aber doch ab.

«Sie sind aufgefallen», sagte Barry Sedlow. «Sie haben zugelassen, daß Sie bemerkt wurden.»

«Von wem?»

Er gab ihr keine direkte Antwort. «Sie werden jetzt folgendes tun wollen.»

Sie werde, erklärte er, am kommenden Tag um Punkt zwölf am Pan Am Clipper Club im Flughafen Miami erscheinen. Sie werde, erklärte er, zum Schalter gehen und nach Michelle fragen. Sie werde, erklärte er, Michelle sagen, daß sie mit Gary Barnett verabredet sei.

«Und wer ist Gary Barnett?» fragte sie.

«Michelle ist die Blonde, nicht die Latina. Vergewissern Sie sich, daß Sie tatsächlich mit Michelle sprechen. Die Latina ist Adele, Adele kennt mich nicht.»

«Sind Sie Gary Barnett?»

«Machen Sie's zur Abwechslung mal auf meine Tour.»

Sie hatte es auf seine Tour gemacht.

Gary läßt Ihnen ausrichten, daß Sie sich's schon mal gemütlich machen sollen, hatte Michelle gesagt.

Dürfte ich bitte Ihre Clipper-Club-Card sehen, hatte Adele gesagt.

Michelle hatte die Augen verdreht. *Ich hab* ihre Karte gesehen, hatte Michelle gesagt.

Elena setzte sich. Auf einem Ecksofa telefonierte ein korpulenter Mann in einem Seidenanzug. Seine Stimme hob und senkte sich, während er einen ununterbrochenen Wortschwall ausstieß, teils auf englisch, teils auf spanisch, teils bittend, teils drohend, ohne die Flugansagen für Guayaquil und Panama zu beachten, ohne Elena zu beachten, ja sogar ohne die Frau an seiner Seite zu beachten, die dünn und grauhaarig war und die eine Strickjacke aus Kaschmir und teure Trotteurs trug.

Mr. Lee, sagte der Mann ein paarmal.

Und schließlich: Darf ich Ihnen eine Frage stellen, Mr. Lee. Haben wir jetzt die Kohle oder nicht. Also gut. Sie sagen mir, daß wir sie haben. Dann erklären Sie mir doch bitte eines. Wie beweisen wir, daß wir sie haben. Denn Sie können mir glauben, Mr. Lee, der Käufer ist drauf und dran, sein Vertrauen in uns zu verlieren. Also gut. Hören Sie. Die Situation ist doch folgende. Seit Donnerstag sind die zweiundvierzig Millionen Dollar blockiert. Heute haben wir Dienstag. Glauben Sie mir, zweiundvierzig Millionen Dollar sind kein Pappenstiel. Das sind keine Peanuts, Mr. Lee. Das Telex sollte am Freitag rausgehen. Ich komme heute morgen aus San Salvador hochgeflogen, um das Geschäft perfekt zu machen, die Sun Bank in Miami soll das Telex haben, aber die Sun Bank in Miami hat kein Telex. Jetzt frage ich Sie, Mr. Lee. Bitte. Was soll ich machen?

Der Mann knallte den Hörer hin.

Die grauhaarige Frau entnahm ihrer Vuitton-Einkaufstasche eine Zeitung aus San Salvador und begann sie zu lesen.

Der Mann starrte mit verstörter Miene zu Elena herüber.

Elena wandte die Augen ab – eine Vorsichtsmaßnahme angesichts der Möglichkeit, daß bloßer Augenkontakt schon als auffällig betrachtet werden könnte. Am anderen

Ende der Lounge sah sich ein Steward *General Hospital* im Fernseher über der Bar an.

Sie hörte den Mann wieder eine Telefonnummer eindrücken, schaute aber nicht zu ihm hinüber.

Mr. Lee, sagte der Mann.

Ein Schweigen.

Elena gestattete sich, ihre Augen wandern zu lassen. Die Schlagzeile der Zeitung, in der die Frau las, lautete GOBIERNO VENDE 85% LECHE DONADA.

Na schön, sagte der Mann. Sie sind nicht Mr. Lee. Entschuldigen Sie. Aber wenn Sie wirklich der Sohn sind, dann sind Sie doch auch ein Mr. Lee. Also lassen Sie mich mit Ihrem Vater sprechen, Mr. Lee. Was soll das heißen, er kann nicht ans Telefon kommen? Ich rede mit ihm, er sagt mir, ich soll in zehn Minuten zurückrufen. Ich rufe von einem öffentlichen Fernsprecher im Flughafen Miami an, und er kann den Anruf nicht entgegennehmen? Was soll das? Mr. Lee. Bitte. Ich muß mir von Ihnen einen Haufen Lügen anhören. Einen Haufen Desinformationen. Unwahrheiten. Lügen. Mr. Lee. Hören Sie. Es kostet mich vielleicht eine Million Dollar, Sie und Ihren Vater aus dem Geschäft zu drücken, aber glauben Sie mir, das Geld gebe ich gern dran.

Wieder wurde der Hörer hingeknallt.

GOBIERNO VENDE 85% LECHE DONADA. Regierung verkauft 85% der gespendeten Milch. Elena merkte, daß sie mit ihrem Spanisch nicht allzuweit kam; dies klang so nebulös, daß es keine auch nur halbwegs korrekte Übersetzung sein konnte.

Elena wußte noch nicht, wie nebulös eine Story werden kann.

Und wieder drückte der Mann eine Telefonnummer ein. Mr. Elman. Lassen Sie mich die Situation hier schildern. Ich rufe Sie von einem öffentlichen Fernsprecher im Flughafen

Miami an. Ich bin heute aus San Salvador hochgeflogen. Heute sollte das Geschäft nämlich perfekt gemacht werden. Heute sollte die Sun Bank in Miami das Telex haben, um den Kredit zu genehmigen. Aber die Sun Bank in Miami hat heute noch kein Telex. Ich sitze heute im Flughafen Miami und weiß nicht, was ich tun soll. Das ist die Situation hier. Okay, Mr. Elman. Wir haben hier ein kleines Problem, das wir sicherlich lösen werden.

Die Anrufe gingen weiter. Mr. Lee. Mr. Elman. Mr. Gordon. Irgendwer war in Toronto, und irgendwer anders war in Los Angeles, und viele Leute waren in Miami. Um vier Uhr hörte Elena den Türsummer. In dem Moment, als sie sich gestattete hochzublicken, sah sie Barry Sedlow auf sich zukommen und, ohne stehenzubleiben, einen Umschlag auf den Tisch neben dem Telefon zu legen, an dem der Salvadorianer hing.

«Mein Problem ist folgendes», sagte der Salvadorianer in die Sprechmuschel, während er den Umschlag betastete. «Mr. Elman. Sie und ich, wir haben *confianza*.» Der Salvadorianer schob den Umschlag in die Innentasche seines Seidenjacketts. «Aber was ich von Mr. Lee zu hören bekomme, ist ein Haufen Desinformationen.»

Später, in Barry Sedlows Auto auf dem Weg nach Hialeah, hatte sie gefragt, wer der Salvadorianer sei.

«Wie kommen Sie darauf, daß er Salvadorianer ist», fragte Barry Sedlow.

Sie erzählte es ihm.

«Eine Menge Leute behaupten, sie wären gerade aus El Salvador hochgeflogen, eine Menge Leute lesen salvadorianische Zeitungen, aber das macht sie noch lange nicht zu Salvadorianern.»

Sie fragte, was der Mann war, wenn er kein Salvadorianer war.

«Ich habe nicht behauptet, er wäre kein Salvadorianer», sagte Barry Sedlow. «Oder? Sie haben die schlechte Angewohnheit, voreilige Schlüsse zu ziehen.» Während des darauffolgenden Schweigens bremste er vor einer Kreuzung, bis der Wagen zum Stillstand kam, griff in seine Dolphins-Trainingsjacke und legte auf die Ampel an.

Als Tochter ihres Vaters kannte sie sich mit Schußwaffen aus.

Die Schußwaffe, die Barry Sedlow aus der Innentasche seiner Trainingsjacke gezogen hatte, war eine Browning 9 mm mit Schalldämpfer.

Der Motor brummte im Leerlauf, und der schallgedämpfte Schuß war nicht zu hören.

Die Ampel zersplitterte, und an der Kreuzung wurde es dunkel.

«Ein Übergangsreisender», hatte Barry Sedlow gesagt, als er den Fuß von der Bremse nahm und aufs Gaspedal trat. «Bestimmt schon wieder in der Sechs-Uhr-Maschine nach San Salvador. Geht uns nichts an.» Wenn ich sage, daß Elena nicht zu denen gehörte, die erkennen konnten, wie sich die verschiedenen Momente verknüpften, dann meine ich damit auch, daß sie nicht auf den Gedanken kam, daß ein Übergangsreisender kein Visum vorzeigen muß.

Lassen Sie Ihre Gedanken noch einmal zurückwandern.

Frischen Sie, falls nötig, Ihr Gedächtnis auf: Sehen Sie auf Nexis nach, auf Mikrofiche.

Versuchen Sie, die interessantesten Nachrichten aus der fraglichen Zeit zu finden. Überspringen Sie die Storys, die die Abendnachrichten angeführt oder gar dominiert haben.

Lassen Sie den Text durchlaufen, bis Sie auf die Art Tikkermeldung stoßen, die vorzugsweise direkt unter der Fortsetzung der Titelstory über die Reaktion des Kongresses auf den Bericht der Kissinger-Kommission auf Seite vierzehn erschien oder, sagen wir, direkt gegenüber der Fortsetzung der Titelstory über die Bundesgerichtsentscheidung, die die Untersuchung möglicher Verletzungen des Neutrality Act anordnete, auf Seite neunzehn.

Die Art zwei Finger breiter Tickermeldung, in der es um Charterflugzeuge geht, deren Eigentümer sich nicht genau ermitteln lassen und die diesen oder jenen Flughafen im Süden des Landes mit dieser oder jener Fracht verlassen beziehungsweise nicht verlassen haben.

Irgendwann wurden von denjenigen, die an diesen Storys dran waren, viele Frachtpapiere aufgeschlüsselt.

Irgendwann wurden viele Flugbücher durchleuchtet.

Irgendwann wurden viele Schaubilder erstellt, die zeigten, in welcher Weise die Phantomfirmen mit den hochgestochenen Namen (*Amalgamated Commercial Enterprises Inc.*, *Defex S.A.*, *Energy Resources International*) ineinander verzahnt waren.

Diese zwei Finger breiten Storys aus der Luftfahrt glichen sich nicht immer genau. In manchen hieß es, die fragliche Maschine habe gar nicht diesen oder jenen Flughafen im Süden des Landes verlassen, sondern sei in Georgia abgestürzt oder mit Maschinenschaden in Texas liegengeblieben oder in Zusammenhang mit dieser oder jener Rauschgiftfahndung auf den Bahamas beschlagnahmt worden. Und auch die geladenen Güter glichen sich nicht immer: In manchen Fällen erbrachte die Frachtkontrolle eine nicht genau angeführte Zahl von generalüberholten sowjetischen AK-47ern, in anderen Fällen eine nicht genau angeführte Zahl von M67 Splittergranaten, AR-15ern, M-60ern, RPG-7-Raketenwerfern, Munitionskisten, Paletten mit POMZ-2-Splitterminen, British-Aerospace-Panzerabwehrminen, chinesischen 72ern Typ A und italienischen Valmara-69-Antipersonenminen.

69er.

Epperson hatte die Zahl von drei Dollar das Stück für 69er ins Gespräch gebracht, und jetzt behauptete er, der Marktpreis sei auf zwei Dollar das Stück gefallen.

Ich bin mir nicht sicher, ob ich weiß, in welchem Geschäft Epperson mitmischt.

Ja, Herrgott noch mal, wo die Brüder halt alle mitmischen.

Manche Leute in Washington sagten, die in diesen Meldungen genannten Flüge würden überhaupt nicht stattfinden, andere Leute in Washington (vorsichtigere Leute in Washington, auf präzisere Aussagen bedachte Leute in Washington, Leute in Washington, die nicht die Absicht hatten, einen Meineid zu leisten, wenn die Hearings anliefen) sagten, solche Flüge *könnten überhaupt nicht* stattfinden beziehungsweise *könnten, falls überhaupt, nur* ohne jede offizielle Kenntnis stattfinden.

Ich persönlich habe in dieser Zeit gelernt, präzise zu sein.

Ich persönlich habe in dieser Zeit gelernt, vorsichtig zu sein.

Ich persönlich habe die Kunst des Konditionalis gelernt.

Ich erinnere mich, Treat Morrison während unserer Vorgespräche in seinem Washingtoner Büro gefragt zu haben, *ob* nach *seiner Kenntnis* irgend jemand in der US-Regierung Kenntnis davon haben *könnte*, daß *einer oder mehrere* solcher Flüge der Waffenlieferung an die sogenannten Contras dienen *könnten* – zum Zwecke des Sturzes der sandinistischen Regierung in Nicaragua.

Darauf war ein Schweigen eingetreten.

Treat Morrison hatte einen Kugelschreiber in die Hand genommen und wieder hingelegt.

Ich bildete mir ein, an der Schwelle zu einer Enthüllung zu stehen.

«Insoweit, als das fragliche Gebiet an den großen Teich

grenzt», sagte Treat Morrison, «und insoweit, als der große Teich historisch als unser großer Teich angesehen worden ist, versteht es sich wohl von selbst, daß wir dort gewisse Interessen vertreten könnten. Trotzdem.»

Wieder verfiel er in Schweigen.

Ich wartete.

Wir hatten es so weit gebracht, daß wir die Karibik als unseren Teich beanspruchten, als unser Meer, *mare nostrum*.

«Trotzdem», sagte Treat Morrison noch einmal.

Ich überlegte, ob ich die Auflage akzeptieren könnte, ihn mit dem, was jetzt sicherlich kommen würde, nicht zu zitieren.

«Derartigen Aktivitäten spüren wir nicht nach», sagte Treat Morrison dann.

Eines der Flugzeuge, denen niemand nachspürte, hob am 26. Juni 1984 morgens um ein Uhr dreißig vom Internationalen Flughafen Fort Lauderdale-Hollywood ab. Das Flugzeug war eine Lockheed L-100. Die offiziellen, vom Piloten eingereichten Unterlagen dokumentierten eine Besatzung von fünf Mann, zwei Passagiere, als Frachtgut verschiedene Autoteile und als Bestimmungsort San José, Costa Rica.

Der US-amerikanische Zollbeamte, der das Dokument beglaubigte, entschied sich, die Fracht nicht näher zu überprüfen.

Das Flugzeug landete nicht in San José, Costa Rica.

Das Flugzeug hatte auch keinen Grund, in San José, Costa Rica, zu landen, da bereits eine Ausweichlandeeinrichtung stand: Der im Zuge des Manövers Big Pine II vom Kompanieregiment 46th Combat Engineers angelegte Landeplatz mit den Achttausend-Fuß-Rollbahnen stand. Das Wasserförderungs- und Aufbereitungssystem stand. «Da können Sie sich ja richtig heimelig fühlen», sagte der Pilot der Lockheed L-100 zu Elena McMahon, als sie auf dem trockenen Gras neben der Rollbahn warteten, bis die Fracht ausgeladen war.

«Wissen Sie, ich fliege gleich wieder zurück.» Urplötzlich spürte sie das Bedürfnis, sich von dem abzugrenzen, was auch immer hier vor sich gehen mochte. «Ich meine, ich habe meinen Wagen am Flughafen stehenlassen.»

«Na, hoffentlich auf einem Langzeitparkplatz», sagte der Pilot.

Auch das Geschäft stand.

Derartigen Aktivitäten spüren wir nicht nach.

Kein Kommentar. Vielen Dank. Auf Wiedersehen.

ZWEI

1 Die Rolle des «Schriftstellers» beziehungsweise der «Schriftstellerin» hat für mich per se keinen Reiz. Als Lebensentwurf erscheint sie mir nicht originell, und das, was – dramatisch erhöht – damit einhergeht (die Romantik der *solitude*, des inneren Kampfes, der einsamen Wahrheitssuche), empfand ich schon früh als eher abschreckend. Irgendwann verlor ich dann auch die Geduld mit den überkommenen Regeln dieses Metiers, mit der Entwicklung und Offenlegung der «Charaktere». Noch heute erinnere ich mich daran, welche Widerstände meine Tocher entwickelte, als sie in der achten Klasse der Westlake School for Girls in Los Angeles die Aufgabe bekam, einen «autobiographischen» Aufsatz (*dein Leben als Dreizehnjährige, Einleitung, Erläuterung, Zusammenfassung, versuch's einmal, nicht mehr als zwei Seiten, doppelter Zeilenabstand, bitte ordentlich getippt*) über die Begebenheit, die Person oder die Erfahrung zu schreiben, die ihr Leben «am stärksten» verändert habe. Ich zählte ein paar der passenden zeitlosen Themen auf (die Reise nach Europa, die gemeinnützige Arbeit im Krankenhaus, den Lehrer, den sie nicht mochte, weil er sie zu hart rannahm, bis ihr dann klarwurde, daß sich die Mühe gelohnt hatte), und sie, weniger gelassen, weniger vorsichtig, näher an ihren Gefühlen, erwähnte den Tod ihrer besten Freundin in der vierten Klasse.

Ja, sagte ich beschämt. Gut. Das ist es.

«Eigentlich nicht», sagte sie.

Warum nicht, fragte ich.

«Weil es mein Leben ja gar nicht verändert hat. Ich meine, ich hab geweint, ich war traurig, ich hab viel darüber in mein Tagebuch geschrieben, das schon, aber was hat sich dadurch verändert?»

Ich erinnere mich, ihr erklärt zu haben, daß «verändern» in diesem Fall nichts weiter sei als eine gebräuchliche Floskel: Es stimme zwar, daß man beim Nacherzählen eines Lebens dazu neige, es zu verfälschen, ihm eine Form zu geben, die es an sich gar nicht habe, doch dies ergebe sich aus dem Akt des Niederschreibens und sei somit eine Tatsache, die von uns allen akzeptiert werde.

Während ich das sagte, merkte ich, daß ich diese Tatsache nicht mehr akzeptierte.

In diesem Moment merkte ich, daß ich mich immer ausschließlicher für das Technische interessierte, dafür, wie man die AM-2-Platten für die Rollbahn verlegt, ob es parallele Start- und Landebahnen und Hochgeschwindigkeits-Abrollwege geben muß oder nicht, ob man für eine achttausend Fuß lange Rollbahn sechzigtausend Quadratyards an nutzbarem Vorfeld benötigt oder nur vierzigtausend. Wenn die AM-2-Platten direkt auf Lateritboden gelegt werden statt auf eine Kunststoffnivellierungsschicht, wieviel Zeit hätten wir, bis der Plattenverbund zerstört wäre? (Wieviel Zeit wir *bräuchten*, bis der Plattenverbund zerstört wäre, war eine ganz andere Frage, eine, die ich den Treat Morrisons dieser Welt überließ.) Ein Basislager welcher Größenordnung kann von einem Fünfzehnhundert-Kilowatt-Generator versorgt werden? Wenn es keine Tiefbrunnen mit großem Fassungsvermögen gibt, läßt das Wasser sich dann effektiv mit ERDlators aufbereiten? Hierzu Friedrich Nietzsche (1844–1900): «Wenn man nicht feste, ruhige Linien am Horizonte seines Lebens hat, Gebirgs-

und Waldlinien gleichsam, so wird der innerste Wille des Menschen selber unruhig, zerstreut und begehrlich ...»

ERDlators sind meine Gebirgs- und Waldlinien gewesen.

Und deshalb tue ich mich so schwer in Sachen Elena McMahon.

Hinsichtlich dessen, was sie «verändert» hat, was sie «motiviert» hat, was sie dazu bewogen hat, es zu tun.

Ich sehe sie im trockenen Gras an der Rollbahn stehen, mit bloßen Armen, die Sonnenbrille über die Stirn hochgeschoben, die Haare offen, der schwarze Seidenhänger zerknittert vom Flug, und frage mich, wie sie auf die Idee kommen konnte, ein schwarzer Seidenhänger – ein Spontankauf vom Ständer bei Bergdorf Goodman während der New Yorker Vorwahlen – wäre das passende Kleidungsstück für einen außerplanmäßigen Frachtflug morgens um ein Uhr dreißig vom Internationalen Flughafen Fort Lauderdale-Hollywood mit dem Bestimmungsort San José, Costa Rica, oder vielmehr nicht genau.

Sie hat die Sonnenbrille hochgeschoben, kneift aber die Augen zusammen.

Ein Hund (ein unterernährter, räudiger, vielleicht mittelgroßer Köter) kommt aus der offenstehenden Tür eines Betonbunkers neben dem Vorfeld geschossen und rast auf sie zu.

Der Mann neben ihr – kahlgeschorener Kopf, abgeschnittene Jeans, Hosenbund weit unterm Bauchnabel – singt die Titelmelodie von *Bonanza*, während er sich hinhockt und den Hund herwinkt.

We got a right to pick a little fight –
Bo-nan-za –
If anyone fights with any of us –
He's got a fight with me –

Sie macht die Augen nicht auf.

Wenn ich darüber nachdenke, weiß ich selbst nicht, was in diesem Kontext «passend» wäre.

Immerhin vielleicht die Baseballkappe, die ihr einer der Männer vom Tankwagen geliehen hatte. Auf der Mütze stand NBC SPORTS; das berühmte Pfauenlogo war ölverschmiert.

«Eigentlich sollte ich hier mit jemandem verabredet sein», sagte sie zu dem Piloten, als der Mann mit dem kahlgeschorenen Kopf verschwunden, die letzte Palette entladen und der Flugzeugtank voll war. Die vergangenen zwölf Stunden hatten bewirkt, daß sie den Piloten als ihren Partner ansah, als ihren Beistand, ihren Beschützer, ihre einzige Verbindung zum Tag davor.

«Sieht so aus, als hätte dieser Jemand nicht alle Karten auf den Tisch gelegt», sagte der Pilot.

Der Duft von Jasmin, der kleine See aus Jakarandablüten.

Zufällig oder vielmehr gar nicht so zufällig, da ich Elena in meiner Eigenschaft als Mutter kennengelernt hatte, war Catherine Janklow ebenfalls in der achten Klasse der Westlake School for Girls in Los Angeles. Als «Westlake Mom» (wie wir in den schulischen Rundschreiben hießen) war Elena so perfekt, daß sie schon etwas Unnahbares hatte. Sie organisierte Benefizveranstaltungen für den Stipendiatenfonds, lud ein zu Picknicks, hitzefreien Nachmittagen und Pyjamapartys, stand jeden Freitag vier Stunden vor Morgengrauen auf, um die Astronomie-AG an entlegene Aussichtspunkte zur Himmelsbeobachtung in Lancaster oder Latigo Cañon oder den Santa Susana Mountains zu fahren, und sah sich für diesen Einsatz belohnt, als zu ihrem Workshop mit dem Thema «Wie werde ich Reporterin» im Rahmen des Berufsfindungsprojekttages in Westlake tatsächlich drei Achtkläßlerinnen erschienen.

«Ihr seid gerade in einem Alter, in dem ihr euch gar nicht vorstellen könnt, wie sehr euer Leben sich verändern wird», sagte Elena den drei Achtkläßlerinnen, die zu ihrem Workshop erschienen.

Zwei der drei Achtkläßlerinnen setzten eine Miene höflicher Ungläubigkeit auf.

Die dritte streckte einen Finger hoch und kreuzte dann aufsässig ihre Arme über der Brust.

Elena sah das Mädchen an. Sie hieß Melissa Simon und war die Tochter von Mort Simon. Mort Simon, ein Bekannter von Wynn, hatte das vergangene Jahr dazu genutzt, ein Filmstudio privat zu erwerben und dessen echte Vermögenswerte in einige seiner Privatfirmen umzuleiten.

«Ja, Melissa.»

«Entschuldigen Sie», sagte Melissa Simon, «aber ich verstehe nicht ganz, wieso mein Leben sich verändern sollte.»

Darauf war ein Schweigen eingetreten.

«Das ist eine interessante Frage», hatte Elena schließlich gesagt.

Catherine war nicht in den Workshop ihrer Mutter zum Thema «Wie werde ich Reporterin» gegangen. Catherine hatte sich für den Workshop einer Westlake Mom eingetragen, die Justitiarin bei Paramount war («Perspektiven der Filmindustrie – Wo könnte dein Platz sein?»), dann aber doch nicht teilgenommen, sondern statt dessen ihren Aufsatz fertiggeschrieben, den autobiographischen Aufsatz über die Begebenheit, Person oder Erfahrung, die ihr Leben «am stärksten» verändert hatte. «Mein Leben hat sich in diesem Jahr mit Sicherheit am stärksten dadurch verändert, daß meine Mutter Krebs bekommen hat», so begann Catherines autobiographischer Aufsatz, der zwei ordentlich getippte Seiten mit doppeltem Zeilenabstand umfaßte. Catherines Mutter war, laut Catherine, in diesem Jahr «zu müde, um irgend etwas Normales zu machen», weil sie jeden Morgen nach ihrem Einsatz im Schülertransport zur Universitätsklinik gefahren war, um sich dem zu unterziehen, was Catherine mit einem erstaunlichen Repertoire an Fachwörtern als «Lokalbestrahlung nach brusterhaltender Reseksion [sic] eines Krebsgeschwüres im Stadium 1 mit guter Prognose» beschrieb. Daß davon kaum jemand wußte, ergibt für mich noch keine «Motivation».

Treat Morrison wußte Bescheid, sobald er die Narbe sah. Diane hatte die gleiche Art von Narbe gehabt.

Sieh mal, sagte er, als Elena verstummte. Was macht das schon für einen Unterschied. Irgendwann erwischt es doch jeden, so oder so.

Angetan mit dem schwarzen Seidenhänger und der NBC-SPORTS-Mütze saß sie nun im trockenen Gras, sah die L-100 zum Start rollen und versuchte zu überlegen, wie ihr nächster Schritt aussehen könnte. Die Fracht war auf Laster verladen worden. Wer auch immer die Bezahlung vornehmen sollte, war nicht erschienen. Zuerst hatte sie den Mann mit dem kahlgeschorenen Kopf und den abgeschnittenen Jeans für ihre Kontaktperson gehalten, aber er war es nicht. Er sei, sagte er, auf dem Heimweg von Angola nach Tulsa. Er wolle, sagte er, nur ein bißchen mit seinen Fachkenntnissen aushelfen, wo er nun mal gerade in der Gegend sei.

Sie hatte ihn nicht gefragt, wie irgend jemand ernsthaft auf die Idee kommen konnte, gerade diese Gegend als eine Station auf dem Weg von Angola nach Tulsa anzusehen.

Sie hatte ihn nicht gefragt, mit welchen Fachkenntnissen er aushelfen wolle.

In den zehn Minuten, die sie mit dem Versuch zugebracht hatte, den Piloten zu überreden, auf ihre Kontaktperson zu warten, waren die Tieflader weggefahren worden.

Sie würde alles noch einmal Schritt für Schritt überdenken müssen.

Sie würde alles noch einmal abklären, abschätzen müssen.

Die L-100 und der Schutzraum, den sie darstellte, war kurz davor, in der Wolkendecke zu verschwinden.

Herfliegen, zurückfliegen, hatte der Pilot gesagt. Das ist mein Auftrag. Ich werde dafür bezahlt, daß ich die Mühle fliege. Ich werde dafür bezahlt, daß ich die Mühle fliege, wenn die Motoren heißlaufen. Ich werde dafür bezahlt, daß ich die Mühle fliege, wenn das Loran verrückt spielt. Ich werde nicht dafür bezahlt, daß ich mich um die Passagiere kümmere.

Ihr Partner, ihr Beistand, ihr Beschützer.

Ihre einzige Verbindung zum Tag davor.

Er hatte die Maschine hergeflogen, und jetzt flog er sie zurück.

Auftragsgemäß.

Sie hielt es für unmöglich, daß ihr Vater in diese Situation geraten könnte, und dabei hatte sie doch genau das gemacht, was er ihr aufgetragen hatte. Sie hatte genau das gemacht, was ihr Vater zu machen gehabt hätte, und genau das gemacht, was Barry Sedlow ihr aufgetragen hatte.

Machen Sie's zur Abwechslung mal auf meine Tour.

Schon sehr bald würde alles gut werden.

Schon sehr bald würde sie wissen, was sie zu machen hatte.

Sie fühlte sich hellwach, auch wenn ihr leicht schwindelig war. Sie wußte noch nicht, wo sie war, und ganz plötzlich war die Lichtung mit dem Rollfeld menschenleer, aber sie war bereit, offen für jede Information.

Dies mußte Costa Rica sein.

Wenn dies Costa Rica war, dann mußte sie jetzt als erstes irgendwie nach San José kommen.

Sie wußte nicht, was sie tun würde, wenn sie erst einmal in San José angekommen war, aber dort gab es sicherlich ein Hotel, Niederlassungen amerikanischer Banken, einen Flughafen mit regulärem Flugverkehr.

Durch die offene Tür des Betonbunkers neben dem Vorfeld konnte sie ab und zu jemanden sehen, jemanden herumgehen sehen, einen Mann, einen Mann mit Pferdeschwanz, einen Mann mit Pferdeschwanz, der einen Drillichanzug trug. Sie hielt die Augen auf diese Tür gerichtet und versuchte, sich an die wichtigsten Lehren aus anderen Settings, anderen Situationen zu erinnern. So hatte sie etwa während ihrer vierjährigen Tätigkeit beim *Herald Examiner* gelernt, wie leicht es war, sich Zutritt zu Orten zu verschaffen, zu denen es eigentlich keinen Zutritt gab. Der Trick bestand darin, sich an Servicepersonal dranzuhängen, an Leute also, denen es egal sein konnte, wer reinkam und wer draußen blieb. Einmal war sie einer Telefonwartungsmannschaft in einen verschlossenen Hangar gefolgt, in dem der Prototyp eines Tarnkappenbombers für den ersten Rollout fertiggemacht wurde. Und sie hatte sich sogar mehr als einmal Zutritt zu einem Haus verschafft, dessen Bewohner nicht mit ihr sprechen wollte, indem sie eine Unterhaltung mit dem Poolman angefangen hatte, mit dem Gärtner, mit dem Hundepfleger, der ein Verlängerungskabel durch die Küchentür hineingetragen hatte, um einen Fön anzuschließen.

Diese Erfahrung hatte sie übrigens auf ihrem Berufsfindungsworkshop zur Sprache gebracht.

Melissa Simon hatte noch einmal die Hand gehoben. Sie wollte einen Einwand vorbringen. Ihr Einwand lautete, daß «niemand von den Medien es überhaupt geschafft hätte, in diese Häuser zu kommen, wenn die Familien einen ordentlichen Sicherheitsdienst hätten und PR-Leute, die ihre Arbeit machen».

Was Elena dazu veranlaßt hatte, die Einsätze für den Berufsfindungsworkshop exponentiell zu erhöhen, indem sie sich – ob nun mit oder ohne den Zusatz «Versuch doch mal zur Abwechslung, in der wirklichen Welt zu leben» – den Hinweis erlaubte, daß mit Ausnahme der drei oder vier exklusiven Viertel auf der West Side von Los Angeles County weltweit nur sehr wenige Familien PR-Leute hatten oder auch das, was eine vom Glück begünstigte Achtkläßlerin einen «ordentlichen Sicherheitsdienst» nennen mochte.

Was wiederum Wynn Janklow – nachdem ihm diese Äußerung mittlerweile von drei verschiedenen Leuten zugetragen worden war (von Mort Simons Kompagnon, Mort Simons Anwalt und der jungen Frau, die als Mort Simons «Ansprechpartnerin» bezeichnet wurde) – am nächsten Tag veranlaßt hatte, seinen erst halbgegessenen Lunch im Hillcrest stehenzulassen und Elena anzurufen.

«Wie ich höre, hast du den Kindern unserer Freunde erzählt, ihre Eltern würden in einer Traumwelt leben.»

Erstens, sagte sie, sei dies keine ganz korrekte Wiedergabe ihrer Worte.

Er sagte noch etwas, aber die Verbindung war schlecht.

Zweitens, sagte sie, sei Mort Simon nicht ihr Freund. Sie kenne Mort Simon nicht einmal.

Wynn rief aus seinem Mercedes an; er fuhr gerade den Pico in östlicher Richtung hoch, und erst als er in die Robertson einbog, kam er aus dem Funkloch heraus.

«Wenn du's drauf anlegst, daß es in der ganzen Stadt heißt, du würdest wie eine Schickse reden», hatte er gesagt, «dann mach nur so weiter.»

«Ich bin eine Schickse», hatte sie geantwortet.

«Das ist dein Problem und nicht meins», hatte er gesagt.

Tatsächlich kannte sie Mort Simon.

Natürlich kannte sie Mort Simon. Das Haus in Beverly Hills, vor dem sie auf dem Bürgersteig gehockt hatte, um auf den Pressespiegel über die VIP-Benefizveranstaltung zu warten, war zufälligerweise Mort Simons Haus. Sie hatte ihn sogar kurz gesehen, als er eine durchsichtige Klappe des Regent-Rent-Zeltes anhob, um die Absperrung zu begutachten, hinter der die Presse wartete. Er hatte sie direkt angeschaut, aber seine Sicht der Welt außerhalb dieses Zeltes war so reduziert, daß er sie nicht erkannt hatte, und sie hatte ihn nicht angesprochen.

«Geben Sie was zu trinken raus», hatte sie ihn zu einem Kellner sagen hören, bevor er die Klappe wieder fallen ließ, obwohl es letztendlich mit den Getränken doch nichts wurde. «Sie wissen schon – Cola light, Wasser, ich zahl ja nicht dafür, daß die sich vollaufen lassen.»

Die Frau und die Tochter lebten nicht mehr in diesem Haus. Die Frau und die Tochter waren in ein Reihenhaus direkt diesseits der Grenze zwischen Beverly Hills und Century City gezogen, und die Tochter war von der Westlake School auf die Beverly Hills School gewechselt. Catherine hatte ihr das erzählt.

Leben in der wirklichen Welt.

Wir hatten doch unser Leben, und jetzt ist es kein wirkliches Leben mehr.

Sie schob den Gedanken beiseite.

Andere Lehren.

Aktuellere Settings.

Kurz nachdem sie nach Washington gezogen war, hatte sie einen Experten für nukleare Sicherheiten interviewt, der ihr erklärt hatte, wie leicht man an Plutonium herankommen könne. Bei Nuklearanlagen würde der Objektschutz immer nach auswärts vergeben. Die beauftragten Firmen besorgten sich ihr Personal vor Ort und statteten es nur mit einem Minimum an Munition aus. Das heiße, hatte er gesagt, «sie haben x Millionen Dollar teure High-Tech-Sicherheitssysteme und lassen sie von abgehalfterten Hilfssheriffs bedienen, die vielleicht gerade mal genug Munition haben, um einen Coyoten abzuknallen».

Sie erinnerte sich genau an das, was er gesagt hatte, weil das Interview letzten Endes in der Sonntagsbeilage gelandet und diese Passage rausgefallen war.

Wenn sie sich den Mann mit dem Pferdeschwanz als abgehalfterten Hilfssheriff denken konnte, als abgehalfterten Hilfssheriff, dem noch nicht einmal ein x Millionen Dollar teures Sicherheitssystem zur Verfügung stand, dann würde alles gut werden.

Jetzt war nur noch ein Stück Unverfrorenheit vonnöten.

Jetzt war nur noch eine kleine Demonstration dessen vonnöten, daß sie dahin gehörte, wo auch immer sie eigentlich sein sollte.

Sie stand auf, wischte sich die Grashalme von den Beinen und ging auf die offene Tür des Betonbunkers neben dem Vorfeld zu. Der Mann mit dem Pferdeschwanz saß vor einer Holzkiste, auf der sich ein elektrischer Ventilator befand, eine Flasche Bier und ein abgegriffener Satz Spielkarten. Der Mann trank die Flasche aus, warf sie in hohem Bogen in einen runden Blechkanister und deckte mit zwei abgespreizten Fingern eine Karte auf.

«Scheiße», sagte der Mann und sah dann hoch.

«Sie sollten dafür sorgen, daß ich nach San José komme», sagte sie. «Die sollten Ihnen eigentlich Bescheid gegeben haben.»

Der Mann drehte noch eine Karte um. «Wer sollte mir Bescheid gegeben haben?»

Hier war wohl doch mehr vonnöten als bei den üblichen

Telefonwartungsmannschaften, Poolmännern, Hundepflegern.

«Wenn ich nicht nach San José komme, werden die sich fragen, warum.»

«Wer sind die.»

Sie setzte auf Risiko. «Ich glaube, Sie wissen, wer.»

«Nennen Sie mir einen Namen.»

Sie konnte ihm keinen Namen nennen. Sie hatte Barry Sedlow nach Namen gefragt, und er hatte über notwendige Wissensaufstückelung gesprochen, über Informationsbedürfnisse versus Informationsbeschränkungen.

Sie würden mir ohnehin nicht die richtigen Namen nennen, hatte sie gesagt. Nennen Sie mir einfach die Namen, die diese Leute verwenden.

Was soll das heißen, hatte er gesagt.

Die Namen, die diese Leute verwenden, so wie Sie den Namen Gary Barnett verwenden, hatte sie gesagt.

Ich bin nicht befugt, Ihnen diese Information zu geben, hatte er gesagt. Jemand soll sich mit Ihnen treffen. An diesem Punkt stößt Ihr Informationsbedürfnis an eine Grenze.

Jemand sollte sich mit ihr treffen, aber niemand hatte sich mit ihr getroffen.

Jemand sollte die Zahlung vornehmen, aber niemand hatte die Zahlung vorgenommen.

Während sie dem Mann beim Aufdecken von Spielkarten zusah, merkte sie, wie es draußen urplötzlich dunkel wurde und zu blitzen begann. An einer Wand des Betonbunkers hing eine Landkarte von Costa Rica, und sie sah sich in ihrem Eindruck bestärkt, daß sie tatsächlich in Costa Rica war, ohne daß es einen Hinweis darauf gab, wo genau in Costa Rica. Das Deckenlicht flackerte und ging dann aus. Der Ventilator kreiselte müde zum Stillstand. Nun, da alle Hintergrundgeräusche ausgeschaltet waren, wurde ihr bewußt, daß sie auch das leise Jaulen eines überlasteten Generators gehört hatte, der jetzt stumm war.

Der Mann mit dem Pferdeschwanz erhob sich, öffnete den Kühlschrank und holte noch ein Bier aus dem nun dunklen Inneren. Elena bot er keines an. Statt dessen setzte er sich wieder hin und deckte, leise zwischen den Zähnen pfeifend, eine weitere Karte auf, als wäre Elena unsichtbar.

Also wer.

Ich glaube, Sie wissen, wer.

Nennen Sie mir einen Namen.

«Epperson», sagte sie. Sie riß diesen Namen aus dem Ätherdunst der vergangenen zehn Tage. «Max Epperson.»

Der Mann mit dem Pferdeschwanz sah sie an, mischte die Karten und stand auf. «Ich sollte wirklich mal wieder für ein, zwei Tage in Josie vorbeischauen», sagte der Mann.

2 Wenn ich nicht gerade vor dieser Rekonstruktion sitze, neige ich dazu, den Ablauf der Ereignisse in einem viel größeren Zeitrahmen zu sehen, als es den Tatsachen entspricht. Denn Tatsache ist, daß Elena McMahon in den frühen Morgenstunden des 26. Juni 1984 den Internationalen Flughafen Fort Lauderdale-Hollywood an Bord der L-100 verließ, daß sie in den späteren Morgenstunden desselben Tages mit der Maschine irgendwo in Costa Rica landete und daß sie kurz vor Mitternacht desselben Tages (zunächst gab es da das Problem mit dem unterspülten Brückenpfeiler, dann einen zweistündigen Zwischenstopp auf dem Parkplatz vor einer allem Anschein nach militärischen Anlage) in San José ankam. *Sie* tun gar nichts, hatte der Mann mit dem Pferdeschwanz gesagt, als Elena fragte, was sie an dieser militärischen Anlage täten. Was *ich* tue, geht Sie nichts an.

Er war aus dem Pickup gestiegen.

Falls jemand fragt, hatte er gesagt, dann sagen Sie, daß Sie auf Mr. Jones warten.

Von seiner Rückkehr zwei Stunden später bis zur Ankunft in San José hatte er nicht gesprochen. Statt dessen sang er vor sich hin, immer wieder Versatzstücke aus demselben Song, soweit sie dies überhaupt beurteilen konnte, denn er sang praktisch tonlos, und sie bekam nur das sporadische Gehämmer aufs Lenkrad mit, begleitet von den gehauchten Worten «*great balls* of fire». In San José angekommen, war er gleich auf eine kleinere Straße eingebogen, allem Anschein nach einen innerstädtischen Schleichweg, und direkt auf ein Hotel zu. Ende der Freifahrt, hatte er gesagt. Von der unbeleuchteten Straße aus hatte das gläserne Vordach und die blankpolierten Messingbuchstaben, die die Aufschrift HOTEL IMPERIAL ergaben, das Hotel recht imposant erscheinen lassen, doch schon mit dem Betreten der Lobby verflogen alle ihre Erwartungen. Es gab keine Klimaanlage. Die flackernde Neonröhre an der Decke warf ein fahles Licht auf das fleckige Velourspolster des einzigen vorhandenen Stuhls. Während sie darauf wartete, daß der Empfangschef sein Telefongespräch beendete, kreisten ihre Gedanken darum, was es bedeuten mochte, daß der Mann mit dem Pferdeschwanz sie zu diesem Hotel gebracht hatte, ohne auch nur einmal zu fragen, wohin sie überhaupt wollte (tatsächlich hätte sie gar nicht gewußt, wohin sie sollte, sie war nie zuvor in San José gewesen), einfach vorgefahren war, unter dem Vordach gehalten und, ohne den Motor abzustellen, darauf gewartet hatte, daß sie ausstieg.

Warum hier, hatte sie gefragt.

Warum nicht hier. Er hatte die Scheinwerfer mehrmals ein- und ausgeschaltet. Ich dachte, Sie wollten Leute treffen, die Sie kennen.

An der Wand neben dem Fahrstuhl hing ein öffentlicher Fernsprecher.

Sie würde Barry Sedlow anrufen.

Der erste Schritt bestand darin, Kontakt mit Barry Sedlow aufzunehmen.

Während sie ihre Tasche öffnete und versuchte, die Karte zu finden, auf die er die 800er-Nummer für seinen Beeper geschrieben hatte, merkte sie, daß der Empfangschef sie beobachtete.

Sie würde dem Empfangschef sagen, daß sie eine Apotheke brauchte, einen Arzt, eine *clínica*.

Sie würde das, was anstand, nicht von hier aus erledigen.

Auf dem Weg zum Hotel hatte sie einen Busbahnhof gesehen, der Busbahnhof hatte bestimmt noch geöffnet, sie konnte vom Busbahnhof aus telefonieren.

Sie ließ sich vom Empfangschef den Weg zur *clínica* beschreiben, ohne überhaupt hinzuhören, aber dann kam sie auf dem Weg zum Busbahnhof zufällig daran vorbei. Das war ein gutes Omen. Das konnte schon die Wende zum Guten bedeuten. Falls sie von irgend jemandem beobachtet wurde, war sie in Richtung *clínica* gegangen.

Der Busbahnhof war praktisch menschenleer.

Der Fahrdienstleiter schlief geräuschvoll in einer Kabine oberhalb der Halle.

Die öffentlichen Fernsprecher im Warteraum hatten noch Wählscheiben, waren also nicht dafür geeignet, eine Nachricht für einen Beeper zu hinterlassen – die einzige Telefonnummer, die sie von Barry Sedlow hatte. *Emergencia*, sagte sie immer wieder, als sie es endlich geschafft hatte, den Fahrdienstleiter zu wecken. Sie hielt ihm einen Zehndollarschein und die Karte vom KROME GUN CLUB hin, auf die Barry Sedlow seine 800er-Nummer geschrieben hatte. *La clínica. Mi padre.* Der Fahrdienstleiter überprüfte den Geldschein und die Karte, gab dann die Nummer auf seinem Tastentelefon ein und hinterließ als Rückrufnummer einen der öffentlichen Fernsprecher im Warteraum.

Sie setzte sich auf eine spritzgegossene Plastikbank, trank eine einheimische Cola, die süß, warm und schal war, und wartete darauf, daß das Telefon läutete.

Jetzt machen Sie sich mal nicht ins Hemd, sagte Barry Sedlow, als sie den Hörer abnahm. Sie haben geliefert, Sie werden bezahlt. Manchmal dauert es eben etwas länger, Sie haben es ja mit einer richtigen Bürokratie zu tun, da gibt es Direktiven, Bestimmungen, Papiere noch und nöcher, ganz spezielle Anordnungen, wie was gemacht werden muß, die drücken nicht einfach die Kohle ab wie der Kleindealer an der Ecke. Seien Sie vernünftig. Bleiben Sie, wo Sie sind. Ich muß noch ein paar Anrufe machen, dann melde ich mich wieder. Haben Sie sich abgeregt?

Ja, alles klar, hatte sie schließlich gesagt.

Ach, übrigens, hatte er dann gesagt, ich an Ihrer Stelle würde Ihren Vater jetzt nicht anrufen. Ich halte ihn auf dem laufenden – wo Sie sind, was Sie machen –, aber rufen Sie ihn besser nicht an.

Es wäre ihr gar nicht in den Sinn gekommen, ihren Vater anzurufen, aber sie fragte, warum nicht.

Weil es nicht vernünftig wäre, hatte er gesagt. Also, ich melde mich dann wieder bei Ihnen im Colonial.

Erst kurz vor Morgengrauen – nachdem sie ins Hotel zurückgekehrt war und dem Empfangschef ihren Paß ausgehändigt und ihre Kreditkarte zur Abbuchung überlassen hatte, dann zu ihrem Einzelzimmer im zweiten Stock hochgegangen war, sich an den Eisenrahmen ihres Bettes gelehnt und den Gedanken an Schlaf endgültig verworfen hatte –, erst da kam ihr überhaupt in den Sinn, daß sie bei ihrem Telefonat mit Barry Sedlow den Namen ihres Hotels nicht ein einziges Mal erwähnt hatte.

Ja und, sagte Barry Sedlow, als er endlich anrief und sie dies zur Sprache brachte.

Was soll der Scheiß. Wo hätten Sie denn sonst sein sollen.

Das zweite Gespräch mit Barry Sedlow fand am Nachmittag des 28. Juni statt. Am Abend des 1. Juli rief Barry Sedlow zum dritten Mal an. Und am Morgen des 2. Juli reiste Elena McMahon mit einem nicht erstattbaren, nicht umbuchbaren One-Way-Ticket von San José auf die Insel, wo sich der Zwischenfall ereignete, der sich nicht hätte ereignen dürfen.

Der sich nicht hätte ereignen dürfen und der nicht vorhergesehen werden konnte.

Nach menschlichem Ermessen.

3 Es wird Ihnen bereits aufgefallen sein, daß ich den Namen der Insel nicht angebe.

Dies ist meine ganz persönliche Entscheidung (andere Autoren, etwa die Verfasser der Rand-Studie, haben die Insel durchaus namentlich erwähnt); ich würde also keine Geheimhaltungsvorschrift verletzen.

Es ist einfach so, daß der Name Sie befangen machen könnte.

Denn wenn Sie wüßten, um welche Insel es sich handelt, käme Ihnen vielleicht die Erinnerung an Tage oder Nächte, die Sie dort auf dem Weg zu oder statt auf attraktiveren Inseln verbracht haben, an den metallischen Geschmack von Dosensaft in Ihrem Rumpunsch, das nächtliche Eindringen von Moskitos unterm Netz, die gemietete Villa, deren Faulbehälter überlief, den Ärger über das Jet-Ski-Mißverständnis, die stundenlange Warterei auf dem überfüllten Flughafen, als die angekündigte Maschine von Windward Air oder BIWI einfach nicht erscheinen wollte, die Stickerei, die Sie eigentlich fertigmachen wollten und statt dessen mit Kokosnußöl bekleckerten, das Buch, das Sie eigentlich lesen wollten, dann aber unkonzentriert beiseite legten, die Monotonie aller einsamen Flecken dort in den Tropen.

Die entschiedene Abwehr des Bedrohlichen, die beklommene Reduzierung des postkolonialen Dilemmas auf das Jet-Ski-Mißverständnis.

Die schuldbewußte Erleichterung beim Anschnallen und

Abheben, im Wissen, daß man in einem vollentwickelten Land aus dem Flugzeug steigen wird.

Es zeichnete sich bereits ab, daß das schöne Siedlerleben im Verschwinden begriffen war, wie es in dem historischen Inselführer heißt, den Sie sich pflichtschuldig am Flughafen gekauft haben.

So paradiesisch, wie der Anblick von Land nach der langen Reise von den Kapverden gewesen sein muß. Unübersehbar der Beitrag der frühen jüdischen Siedler nach dem Bau ihrer historischen Synagoge aus Korallenschotter mit dem eindrucksvollen Blick auf Rum Cay. Das Symbol einer vernichtenden Niederlage für die Partei, die die Unabhängigkeitsbewegung angeführt hatte.

Hand aufs Herz.

Sie wollten während Ihres Aufenthaltes dort doch eigentlich nichts über die Geschichte der Insel wissen. (Wichtigste Stichworte: Arawaks, Hurrikans, Zucker, Middle Passage, der Rückzug, besser bekannt als die Unabhängigkeit). Sie hatten, gute Planung vorausgesetzt, keinen Anlaß, sich häufig in der Hauptstadt aufzuhalten. (Ein Muß: diese historische Synagoge aus Korallenschotter mit dem eindrucksvollen Blick auf Rum Cay.) Sie hatten keinen Grund, sich hinter die rostfleckige, aber noch immer einschüchternde Fassade (aus der Schule von Edward Durell Stone) unserer dortigen Botschaft zu begeben. Und hätten Sie doch einen Grund gehabt (schlechte Planung, Komplikationen, ein verlorener Paß), so wäre Ihnen aufgefallen, daß diese Botschaft größer ist, als die angemessene Vertretung amerikanischer Interessen dort es nötig erscheinen ließe – ein Überbleibsel aus der Zeit, als Washington auf die Idee verfallen war, daß die Entstehung unabhängiger Staaten auf Inseln mit Monokultur und einem jährlichen Pro-Kopf-Einkommen in dreistelliger Höhe die optimalen Bedingungen böte, unter denen privates

Kapital aus den pazifischen Anrainerstaaten abgesaugt und ins *mare nostrum* gepumpt werden könnte.

Viele windige Investitionsvorhaben waren auf dieser Insel gefördert worden. Viele Seminare waren geplant, viele Werbereisen veranstaltet worden. Viele Pilotprogramme waren in Angriff genommen worden, jedes anfangs zu *dem* Modell dafür hochgelobt, wie eine verantwortungsbewußte Supermacht einem LDC oder Less Developed Country, also weniger entwickelten Land, helfen könnte, auf die Liste der wirtschaftlich unabhängigen NICs oder New Industrializing Countries, also der Schwellenländer, zu kommen. Auf einer Insel, wo die meisten menschlichen Belange angesichts des Wetters geradezu bedeutungslos erschienen, war dies eine Botschaft, in der tropische Zweifel durch den geballten Einsatz von Akronymen in Schach gehalten wurden.

1984 war es in dieser Botschaft immer noch möglich, von CBMs oder Confidence Building Measures, also vertrauensbildenden Maßnahmen zu hören.

1984 war es immer noch möglich, von BHNs oder Basic Human Needs, also elementaren menschlichen Bedürfnissen zu hören.

Was sich nicht durch Akronyme vernebeln ließ, wurde gern auf ein, zwei kryptische Silben verkürzt. Ich erinnere mich, in dieser Botschaft viel von der «Del» gehört zu haben, bevor ich erfuhr, daß es sich dabei um eine Formel zur Vorhersage von Ereignissen handelte, nämlich der von der Rand Corporation entwickelten sogenannten und im Klartext schon weniger schick klingenden Delphi-Methode (das, was sich nicht hätte ereignen dürfen und nach menschlichem Ermessen nicht vorhergesehen werden konnte, war vermutlich mittels Anwendung der Del nicht vorherzusagen gewesen), und ich mußte eine ganze Arbeitsgruppensitzung zum Thema «Ap-Tech – Chancen und Risiken» über mich ergehen lassen, bevor mir dämmerte, daß es dabei um das sogenannte Appropriate Technology Movement ging, also die Bewegung für angepaßte Technologie, deren Vertreter offenbar nicht daran glaubten, daß die in der Ersten Welt entwickelte Technologie sich zum Transfer in die Dritte Welt eigne. Ich erinnere mich an heiße Diskussionen darüber, ob die Einführung von Datenverarbeitung für das Alphabetisierungsprogramm als Ap-Tech angesehen werden konnte oder nicht. PC-Know-how gehört in eine andere Kiste, erklärte der Wirtschaftsattaché immer wieder. PC-Know-how gehört nicht in die oberste Kiste. Eine ganze Reihe Regierungsbeamter, aus den Regionen westlich der Rockys abgeschobener Mitarbeiter, hatten diesen Amtssitz betreten und wieder verlassen, ohne sich je genötigt zu sehen, den speziellen Dialekt, der in dieser Botschaft gesprochen wurde, auch nur annähernd zu beherrschen.

Alex Brokaw war natürlich kein Regierungsbeamter.

Alex Brokaw war der Inbegriff des Karrieremenschen, mit einem Lebenslauf voll brisanter Kommandoaufträge.

Alex Brokaw war ein halbes Jahr zuvor auf diese Insel gekommen, um einen ganz speziellen Job zu erledigen.

Einen Job, zu dem es gehörte, die Profis hereinzuholen.

Denn, wie Alex Brokaw des öfteren sagte, *falls und wenn sich das hier zu einem Großeinsatz auswächst, wird es eine ständige Truppenrotation geben, was gut für die Moral an der Heimatfront ist, aber nicht gut für einen kontinuierlichen Aufbau. Also tun wir verdammt gut daran, die Profis an die vorderste Front zu holen.*

Die Profis und natürlich die Jungs von den Special Forces.

Ein Job, zu dem es gehörte, die Anwesenheit einer ausgewählten Gruppe von Amerikanern auf der Insel zu legitimieren und die Anwesenheit aller anderen zu erschweren beziehungsweise zu unterbinden.

Das war der Grund dafür, daß Alex Brokaw nach dem Zwischenfall beim Botschaftspicknick am Nationalfeiertag seinem Gesandten gegenüber äußerte, es wäre vielleicht ganz sinnvoll, eine Personenüberprüfung für eine gewisse Elise Meyer zu beantragen, welches der Name war, auf den der Paß ausgestellt war, den Elena McMahon zu diesem Zeitpunkt benutzte.

4 Wenn ich mir zu erklären versuche, wie Elena McMahon sich, ohne mit der Wimper zu zucken, der Notwendigkeit fügen konnte, mit einem Paß, der nicht der ihre war, an einen Ort, an den zu reisen sie nicht vorgehabt hatte, zu reisen, wie sie so bereitwillig eine so radikale Revision ihrer Identität akzeptieren konnte, indem sie sich in ein Leben hineinbegab, das nicht das ihre war, und es mitspielte, dann muß ich mich noch einmal mit unserer letzten persönlichen Begegnung befassen.

Mit dem Abend der Oscarverleihung 1982.

Als sie noch in dem Haus am Pacific Coast Highway lebte.

Fünf Monate später verließ sie dieses Haus, meldete Catherine in einem episkopalischen Internat an und verschaffte sich (nicht aufgrund ihrer lange zurückliegenden vierjährigen Tätigkeit beim *Herald Examiner*, sondern aufgrund einer verlegerischen Eingebung, daß Wynn Janklows peinlich genau austarierte Wahlkampfunterstützung für beide Seiten seiner Frau, auch wenn sie von ihm getrennt lebte, immer noch die eine oder andere Tür öffnen könnte) einen Job bei der *Washington Post*.

Das alles passierte sehr schnell.

Das alles passierte so schnell, daß ich es zunächst fast gar nicht mitbekommen hätte, denn als ich direkt nach meiner Rückkehr aus Frankreich im September 1982 daranging, meine angesammelte Post durchzugehen, wollte ich den schlichten weißen, freigestempelten Briefumschlag mit einer Washingtoner Adresse als Absender schon ungeöffnet beiseite tun, weil er wie eine der üblichen Werbesendungen zur Unterstützung irgendeiner guten Sache oder Bekämpfung irgendeiner schlechten Sache aussah. Wenn ich nicht durch einen Anruf abgelenkt worden wäre, hätte ich den Brief gar nicht erst aufgemacht, aber der eine Umstand bedingte den anderen, und so sah ich es: ein handgeschriebenes Briefchen mit der Unterschrift *Elena*, in dem stand, ich wisse sicherlich schon, daß sie sich mit Catherine an der Ostküste niedergelassen habe, doch leider käme sie erst jetzt, nach abgeschlossenem Umzug, dazu, ihre neue Anschrift bekanntzumachen. Der Name auf dem gedruckten Adressenänderungskärtchen, das dem Brief beigeheftet war, lautete *Elena McMahon*.

«Niedergelassen» war der Ausdruck, den sie verwandte.

Als wäre ihre Trennung von Wynn Janklow ein geschäftlicher Standortwechsel.

Ich hatte nicht gewußt, daß sie sich mit Catherine an der Ostküste niedergelassen hatte.

Ich hatte überhaupt nichts gewußt.

Ich wußte nur, daß Elena McMahon am Abend der Oscarverleihung 1982 noch Elena Janklow gewesen war, daß sie auf der Party, die in dem doch relativ isolierten Leben unserer kleinen Gemeinde zur damaligen Zeit das einzige Ereignis war, das halbwegs an eine gesellschaftliche Großveranstaltung heranreichte, vor einem unangerührten Teller Cassoulet gesessen und ein Plastikbändchen, das von einem der Luftballons abgerissen war, geistesabwesend um den straßbesetzten Träger ihres Abendkleides gezwirbelt hatte. Ich sah sie keinen Blick auf die riesigen Bildschirme werfen, die überall in Augenhöhe montiert waren, nicht einmal in den Momenten, wenn die Nominierung eines unserer Lokalmatadoren verkündet wurde und die ganze Versammlung für einen Moment die Luft anhielt. Und Elena hielt sich auch nicht an die andere geheiligte Tradition des Abends, die darin bestand, daß man aufsprang und sich in Richtung Bar bewegte, sobald die Preisverleihung zu Ende war, damit die Tische abgeräumt werden konnten, während man sowohl das triumphale Defilee der Gewinner als auch die sportliche Haltung der Verlierer beklatschte.

Elena stand gar nicht erst auf.

Elena blieb sitzen, zerpflückte die Tischdekoration, um den Mini-Oscar herauszuklauben, bekam so weder Gewinner noch Verlierer mit, bekam nicht einmal mit, wie die Aushilfskellner vor ihrer Nase das Tischtuch auswechselten. Erst als ich mich ihr direkt gegenüber setzte, sah sie auf.

«Den hab ich Catherine versprochen», sagte sie und deutete auf den Miniatur-Oscar.

Das nächste, was sie am Abend dieser Oscarverleihung sagte, war ein Satz, den ich damals so verstand, daß ihr die verordnete Festlichkeit dieser Veranstaltung auf die Nerven ging, daß sie seit dem hellichten Nachmittag um vier Uhr ein straßbesetztes Abendkleid anhatte und seit fünf Uhr an diesem Tisch saß und daß sie jetzt nach Hause wollte.

Aber da irrte ich mich.

Genau wie ich mich später irrte, als ich mir zu erklären versuchte, wie sie sich so bereitwillig der Notwendigkeit fügen konnte, sich in ein Leben zu begeben, das nicht das ihre war, und es mitzuspielen.

Das nächste, was sie an dem Abend dieser Oscarverleihung sagte, war der Satz: «Ich kann das alles hier nicht mehr heucheln.»

Was den Schluß nahelegte, daß sie sich dieser Notwendigkeit schon lange gefügt hatte.

5 Jemand wird Sie darüber informieren, welcher Schritt als nächstes von Ihnen erwartet wird», hatte Barry Sedlow gesagt, als er sie zum letzten Mal in San José anrief.

«Wann», hatte sie gefragt.

«Übrigens – ich hab Ihren Vater gesehen. Er sagt Hi. Ich halte ihn auf dem laufenden.»

«Hi» gehörte nicht zum Vokabular ihres Vaters, aber sie verkniff sich jeden Kommentar. «Ich habe gefragt, wann.»

«Bleiben Sie einfach, wo Sie sind.»

In den sechs Tagen seit ihrer Ankunft in San José hatte sie ihr Zimmer im Colonial nur zweimal verlassen, einmal, um eine Zahnbürste und ein Röhrchen Aspirin zu kaufen, das zweite Mal, um ein T-Shirt und eine Baumwollhose zu kaufen, damit sie den schwarzen Seidenhänger waschen konnte. Sie hatte dem Zimmermädchen US-Dollars gegeben – für Sandwiches, Kaffee, ab und an einen Big Mac aus dem McDonald's gegenüber dem Busbahnhof.

«Das haben Sie mir schon an dem Abend gesagt, als ich hier ankam. Ich *bin* die ganze Zeit im Hotel geblieben. Und ich muß jetzt wissen, wann.»

«Schwer zu sagen. Vielleicht heute nacht.» Dann war ein Schweigen eingetreten. «Vielleicht wollen die, daß Sie die Bezahlung an einem anderen Treffpunkt in Empfang nehmen. Wer weiß.»

«Wo.»

«Sie werden schon noch erfahren, wo.»

Eine Stunde später war der Umschlag mit dem Paß und dem Ticket zum Vorschein gekommen, war so unvorstellbar langsam unter der verschlossenen Tür ihres Zimmers durchgekrochen, daß sie irgendwann nicht mehr den Atem anhalten konnte.

Sie wußte selbst nicht, warum sie ausgerechnet in dem Moment zur Tür gesehen hatte, als der Umschlag zum Vorschein gekommen war.

Es hatte keinerlei verräterische Geräusche gegeben, kein Rascheln von Papier auf Teppich, kein Tappen auf dem Korridor.

Nachdem der Umschlag ganz unter der Tür durchgerutscht war, lag er volle fünf Minuten da, bevor sie sich so weit aus ihrer Erstarrung gelöst hatte, daß sie sich ihm überhaupt nähern konnte. Das Ticket auf den Namen Elise Meyer war am 30. Juni 1984 von American Airlines in Miami ausgestellt worden. Der Paß auf den Namen Elise Meyer war am 30. Juni 1984 von der US-Paßbehörde in Miami ausgestellt worden.

Auf dem Foto in diesem Paß lächelte sie.

Auf dem Foto in ihrem Paß lächelte sie nicht.

Sie konnte die beiden nicht vergleichen, weil ihr Paß unten im Hotelsafe lag, war sich aber sicher, daß die Fotos sich ansonsten glichen.

Sie betrachtete das Foto in dem Paß eine ganze Weile, bis ihr klarwurde, wieso es dem Foto in ihrem Paß gleichen konnte: Es konnte dem Foto in ihrem Paß gleichen, weil es zur selben Zeit aufgenommen worden war, relativ kurz nach ihrer Ankunft in Washington, in einem Fotostudio gegenüber der Zeitung. Sie hatte ein paar zusätzliche Fotos für Visa machen lassen. Irgendwann mitten im Wahlkampf (wann auch immer der Geheimdienst an sie herangetreten war, um Fotos für die neuen Presseunterlagen zu verlangen) hatte sie die restlichen fünf oder sechs Polaroids in eine Seitentasche ihrer Computertasche gesteckt.

Warum auch nicht.

Natürlich hatte sie sie aufbewahrt.

Natürlich stand ihre Computertasche in einem Wandschrank im Haus in Sweetwater.

Übrigens – ich hab Ihren Vater gesehen. Er sagt Hi. Ich halte ihn auf dem laufenden.

6 Natürlich war Dick McMahon zu diesem Zeitpunkt schon tot. Natürlich war er unter Umständen verstorben, die nicht im geringsten außergewöhnlich erschienen: die Mitteilung an den ambulanten Dienst am Mittag des 27. Juni, daß die Nachtwache für Mr. McMahon nicht mehr benötigt werde; der zu erwartende nächtliche Notfall zwölf Stunden später; das zufällige und praktisch gleichzeitige Eintreffen des sehr fürsorglichen jungen Arztes im Haus in Sweetwater; die Einweisung in die Clearview Convalescent Lounge in South Kendall am frühen Morgen des 28. Juni mit anschließender Unterbringung in einem Zweibettzimmer; die vielen hektischen Besuche von dem sehr fürsorglichen jungen Arzt während der folgenden sechsunddreißig Stunden und dann die Feststellung des Todeseintritts.

In einer solchen Einrichtung ist es durchaus nicht ungewöhnlich, wenn eine Neuaufnahme Anzeichen einer gewissen Unruhe aufweist.

Es ist ebenfalls nicht ungewöhnlich, wenn angesichts der extremen Unruhe dieser Neuaufnahme die Entscheidung getroffen wird, die Sedierung zu erhöhen.

Und es ist auch nicht ungewöhnlich, wenn angesichts der unentwegten Bemühungen dieser extrem unruhigen Neuaufnahme, Kontakt mit dem Patienten im Nebenbett aufzunehmen, dieser andere Patient zeitweilig auf ein eingeschobenes Bett im Personal-Raucherzimmer verlegt wird.

Und es ist auch nicht ungewöhnlich, wenn eine so extrem unruhige Neuaufnahme, deren Allgemeinzustand sich trotz aller Bemühungen des sehr fürsorglichen jungen Arztes zunehmend verschlechtert, dann einfach entschläft. «Entschlafen» war der Ausdruck, der sich in der Clearview Convalescent Lounge sowohl bei den Patienten als auch beim Personal für den Vorgang des Sterbens eingebürgert hatte. Er entschläft gerade. Er ist gerade entschlafen.

Es gibt keinen Anlaß, eine Autopsie vorzunehmen, da das, was auch immer passiert ist, laut Bescheinigung in einer zugelassenen Pflegeeinrichtung unter Aufsicht eines zugelassenen Arztes passiert ist.

Und genausowenig gibt es einen Anlaß, die Todesbescheinigung in Frage zu stellen.

Zweifellos war Dick McMahon zu dem Zeitpunkt, als er für tot erklärt wurde, bereits entschlafen.

Was laut Unterlagen der Clearview Convalescent Lounge in South Kendall am 30. Juni um ein Uhr dreiundzwanzig morgens bescheinigt wurde. Da der Totenschein nach Mitternacht ausgestellt wurde, lautete die Rechnung, die zwecks Erstattung bei Medicare (Stufe A) eingereicht wurde, auf drei volle Tage: 28., 29. und 30. Juni. *Versicherungsnehmer verstorben 171.4*, lautete der Vermerk in der Spalte «Umfassende Beschreibung des Zustands bei Entlassung einschließlich Diagnoseschlüssel».

McMAHON, Richard Allen, 74, verstorben am 30. Juni 1984 in ärztlicher Obhut in der Clearview Convalescent Lounge, South Kendall. Über Ort und Zeit der Beisetzung wurde nichts bekannt.

So lautete die in Pariser Schrift gesetzte Notiz im täglich zusammengestellten Personenstandsregister des *Miami*

Herald, das alle am Vortag offiziell registrierten Todesfälle, Geburten und Eheschließungen aufführte, in seiner Ausgabe vom 2. Juli 1984.

Es hätte sich feststellen lassen – wenn irgend jemand sich die Mühe gemacht hätte, Mr. McMahons Krankenakte im Pflegeheim einzusehen –, daß der Anruf vom 27. Juni, der die Kündigung der Nachtwache für Mr. McMahon zum Inhalt hatte, von einer Frau getätigt wurde, die sich als Mr. McMahons Tochter ausgab.

Es würde sich nicht mehr feststellen lassen, wer den Anruf bei dem sehr fürsorglichen jungen Arzt getätigt hatte.

Weil niemand nachfragte.

Weil die einzige Person, die vielleicht nachgefragt hätte, bislang noch keine Gelegenheit gehabt hatte, die in Pariser Schrift gesetzte Notiz im Personenstandsregister des *Miami Herald* vom 2. Juli 1984 zu lesen.

Weil die einzige Person, die vielleicht nachgefragt hätte, noch nicht wußte, daß ihr Vater tot war.

Ach, übrigens, ich in Ihrer Stelle würde Ihren Vater jetzt nicht anrufen. Ich halte ihn auf dem laufenden – wo Sie sind, was Sie machen –, aber rufen Sie ihn besser nicht an.

Weil es nicht vernünftig wäre.

7 Zum Zeitpunkt ihrer Abreise aus San José wußte sie noch nicht, daß ihr Vater tot war, aber einiges andere wußte sie bereits. Einiges von dem, was sie bei ihrer Abreise aus San José bereits wußte, hatte sie schon erfahren, bevor sie nach Costa Rica gekommen war, wußte sie genaugenommen schon seit dem Nachmittag im Jackson Memorial, als der Himmel vor Dick McMahons Fenster sich verdüstert und der erste Blitz am Horizont gezuckt und er angefangen hatte, ihr zu erzählen, wen er da eigentlich treffen und was er da eigentlich machen sollte. Einiges von dem, was sie bereits wußte, hatte sie am Tag seiner Entlassung aus dem Jackson Memorial erfahren, als sie ihn bald nach der Ankunft in seinem Haus in Sweetwater davon abbringen mußte, zum Ankerplatz der *Kitty Rex* rauszufahren, wo er mit Barry Sedlow verabredet war. Einiges von dem, was sie bereits wußte, hielt sie für wahr, und einiges von dem, was sie bereits wußte, hielt sie für Hirngespinste, doch da dies eine Branche war, in der sich Wahrheit und Hirngespinste gleichermaßen anzweifeln ließen, blieb ihr wohl nur übrig, so vorzugehen, als könnte jede scheinbar noch so banale Information jederzeit hochgehen.

Jede einzelne Information war eine potentielle Splittermine.

Der Vergleich mit Splitterminen lag nahe, weil er sich auf etwas bezog, was sie bereits wußte.

Unter anderem wußte sie bereits folgendes: Die Lieferung, die am 26. Juni morgens um ein Uhr dreißig den Internationalen Flughafen Fort Lauderdale-Hollywood an Bord der L-100 verließ, bestand ausschließlich aus Splitterminen, dreihundertvierundzwanzig Paletten, wobei jede Palette mit zwölf Kisten beladen war und jede Kiste zwischen zehn und zweihundert Minen enthielt, je nach Typ und Größe. Manche dieser Minen waren Panzerabwehrminen, andere waren Antipersonenminen. Da gab es die 47-Inch-L-9-Panzerabwehrminen von British Aerospace und die 13-Inch-PT-MI-BA-III-Panzerabwehrminen von den Tschechen. Es gab die POMZ-2-Antipersonenminen und die chinesischen Typ-72A-Antipersonenminen und die italienischen Valmara-69-Antipersonenminen.

69er.

Epperson hatte einen Stückpreis von drei Dollar für 69er ins Gespräch gebracht, und jetzt behauptete er, der Stückpreis sei auf zwei Dollar gefallen.

Als an diesem Morgen die Paletten mit den 69ern endlich auf dem Rollfeld standen, hatte der Mann mit dem kahlgeschorenen Kopf und den abgeschnittenen Jeans ihr einen Hammer gereicht und gesagt, sie solle eine Kiste aufmachen, damit er die Ware prüfen könne.

Machen Sie sie bitte selbst auf, hatte sie gesagt und ihm den Hammer hingehalten.

So läuft das nicht, hatte er gesagt und den Hammer nicht genommen.

Sie hatte gezögert.

Er hatte ein T-Shirt von seinem Gürtel abgebunden und es sich über den nackten Oberkörper gezogen. Das T-Shirt war bedruckt mit den Stars and Stripes und dem Spruch: DIESE FARBEN SIND NICHTS FÜR WASCHLAPPEN.

Ich hab's nicht eilig, hatte er gesagt. Sie sind dran.

Sie hatte die Kiste aufgestemmt und mit einem Finger auf den Inhalt gedeutet.

Er hatte eins von den kleinen Plastikdingern herausgenommen und untersucht, dann ein paar Schritte rückwärts gemacht und es zwischen Elena und dem Betonbunker auf den Boden gelegt. Als er zu Elena zurückgekommen war, hatte er – ziemlich schräg, aber erkennbar – die Titelmelodie von *Bonanza* gesungen.

Er war ein Stück zurückgetreten und hatte ihr bedeutet, dasselbe zu tun.

Dann hatte er mit einer Fernbedienung auf das Plastikding gezielt und gepfiffen.

Als sie den Hund aus der offenen Tür des Betonbunkers schießen sah, machte sie die Augen zu. Die Explosion erfolgte zwischen *We got a right to pick a little fight* und *Bo-nan-za*. Die darauffolgende Stille wurde nur durch das langsam schwächer werdende Heulen des Hundes durchbrochen.

«Garantierter Vernichtungsbereich von sechzig Fuß», hatte der Mann gesagt, der von Angola nach Tulsa unterwegs war.

Und noch etwas wußte sie bereits: Die Lieferung vom 26. Juni war nicht die erste derartige Lieferung, die ihr Vater arrangiert hatte. Er hatte derartige Lieferungen vom Frühjahr 1984 an bis weit in den Sommer hinein arrangiert, mindestens zwei und im allgemeinen drei bis vier pro Monat, mit C-123ern, Convair 440ern, L-100ern, was auch immer als Transporter geschickt wurde, verrostete dickbäuchige Maschinen, die auf den hintersten Startbahnen von Lauderdale-Hollywood und West Palm und Opa-Locka und Miami herumstanden und darauf warteten, mit AK-47ern, M-16ern, MAC-10ern, C-4ern beladen zu werden, mit allem, was das Herz begehrte, mit allem, was der Markt hergab, was Dick McMahon noch organisieren konnte kraft seiner Kontakte, seiner Connections, seiner fünfzigjährigen Geschäftserfahrung in Miami und in Houston und in Las Vegas und in Phoenix und im grünen Forst von Alabama und Georgia.

Es waren keine Lieferungen gewesen, die sich ohne weiteres organisieren ließen.

Er hatte diese Lieferungen auf Kredit organisiert, auf Gefälligkeitsbasis, auf dem Weg über einen gemeinsamen Drink hier und ein Versprechen dort und eine Geschichte, die morgens früh um zwei in Miami Springs Holiday Inn erzählt wurde, auf dem Weg über die gemeinsame Sehnsucht derer, die er als «meine uralten Bekannten» bezeichnete, nach einem letzten Haupttreffer.

Er hatte alle zur Kasse gebeten, die ihm etwas schuldeten.

Er hatte volles Risiko gesetzt, den gesamten Markt im Südosten aufgemischt, hatte ein letztes Mal die Würfel rollen lassen, ein letztes Mal auf den großen Coup gewettet, auf die eine Million.

Die Million, die mit der Lieferung vom 26. Juni fällig war.

Die Million, die laut Plan auf dem Rollfeld in Costa Rica zur Auszahlung kommen würde, sobald die Lieferung vom 26. Juni ausgeladen war.

Eine Million US-Dollar in Travellerschecks von der Citibank – so gut wie Bargeld.

Natürlich muß ich etwa die Hälfte an meine uralten Bekannten abtreten. Die haben mir das Zeug ja auf Pump geliefert.

Was meine derzeitige Lage natürlich nicht ganz einfach macht.

Elena. Du siehst also, in welcher Lage ich bin.

Vor fünf, zehn Jahren wäre ich bestimmt nicht in solche

Schwulitäten gekommen, ich hab immer direkt bezahlt und direkt kassiert, saubere Abwicklung, daran hab ich mich immer gehalten, saubere Abwicklung, cash-and-carry, *vielleicht werd ich ja alt, vielleicht hab ich die Sache falsch angefaßt, aber verdammt, Elena, denk doch mal, hätte ich mir denn so eine einmalige Chance durch die Lappen gehen lassen sollen.*

Ja, ja, hinterher ist man immer schlauer.

Den Spruch kannst du dir schenken.

Vor fünf, zehn Jahren, na klar, da hätte ich es bestimmt anders gemacht, aber vor fünf, zehn Jahren war der Markt auch noch nicht so am Kochen wie heute. Also, was soll man da machen. Man muß das Eisen schmieden, solange es heiß ist, ein gewisses Risiko eingehen, und dadurch kann man eben auch in Schwulitäten kommen. Anders geht's nun mal nicht, so wie ich die Sache sehe.

So steht's also.

Und nun.

Du siehst also, daß ich dieses Geschäft brauche.

Du siehst also, daß ich da runter muß, zum Abkassieren.

Was sie schwach werden ließ, war die Summe.

Die runde Summe.

Die große Summe.

Die Summe, die zu dem gehörte, was sie für Hirngespinste hielt, die Summe, die der Belcanto ihrer Kindheit gewesen war, die Summe, die heute nur noch eine Erinnerung war, ein Echo, ein Traum, ein Märchen, die Phantasterei eines alten Mannes.

Die Million, das Große Los, der Volltreffer.

Die Million, die schon zur Hälfte anderen Leuten geschuldet war, das Große Los, das schon halb verpfändet war.

Der Volltreffer, der schon gar kein Treffer mehr war.

Ich bin mit einer Einheit dabei und mein Vater mit zweien, sagte Wynn Janklow, wenn er eine Investition in Höhe von einhundert beziehungsweise zweihundert Millionen Dollar erwähnte.

Die Million, der Volltreffer.

Sie war ihren eigenen Weg gegangen.

Sie hatte ihr eigenes Leben geführt.

Sie hatte einen Mann geheiratet, der Geld nicht nach Millionen zählte, sondern nach Einheiten.

Sie hatte die Ohren verschlossen, hatte sich abgewandt.

Daß du dich von irgendwoher gemeldet hattest.

Auf dem zerknitterten Foto, das sie aus dem Schlafzimmer ihrer Mutter mitgenommen hatte, hielt ihr Vater eine Bierflasche in der Hand; ihre Mutter trug eine Grillschürze, bunt bedruckt mit Mistgabeln und mit der Aufschrift MACHT DEN WÜRSTCHEN DIE HÖLLE HEISS.

Oder daß du dich nicht gemeldet hattest.

Sie erinnerte sich an den Tag, an dem das Foto gemacht worden war.

4. Juli, Nationalfeiertag, sie war neun oder zehn, ein Freund ihres Vaters hatte Feuerwerk von jenseits der Grenze mitgebracht, kleine zischende Raketen, die sie überhaupt nicht mochte, und Wunderkerzen, die lauter Glühwürmchen in die heiße Wüstendämmerung malten.

Eine halbe Margerita, und schon heb ich ab, hatte ihre Mutter immer wieder gesagt.

Ist doch prima, hatte ihr Vater immer wieder gesagt. Wer braucht schon die Schieber, wir lassen hier unsere eigene Show laufen.

Wir hatten doch unser Leben, und jetzt ist es kein wirkliches Leben mehr, und bloß weil ich deine Tochter bin, soll mir das jetzt gefallen, aber mir gefällt es nicht.

Was soll jetzt werden, hatte ihr Vater an dem Tag gesagt, als sie ihn nach Sweetwater zurückgebracht hatte. Verdammt, Elena, was soll jetzt werden.

Ich kümmere mich darum, hatte sie gesagt.

Am Morgen des 2. Juli um acht Uhr hatte sie bereits aus dem Hotel Colonial ausgecheckt und sich auf dem Weg zum Flughafen von San José gemacht. Zu diesem Zeitpunkt wußte sie noch nicht, daß der *Miami Herald* in seiner neuesten Ausgabe den Tod ihres Vaters meldete, aber sie wußte etwas anderes.

Zusätzlich zu dem, was sie bereits erfahren hatte.

Sie hatte beim Auschecken um ihren Paß gebeten.

Um ihren eigenen Paß.

Den Paß, den sie in der Nacht ihrer Ankunft an der Rezeption abgegeben hatte.

Für die Behörden, zur Aufbewahrung.

Der Empfangschef war sich ganz sicher, daß sie ihren Paß wiederbekommen hatte.

Por cierto, hatte er ein paarmal gesagt. *Certísimo.*

Das Taxi zum Flughafen hatte draußen gewartet.

Wenn Sie bitte noch mal nachsehen würden, hatte sie gesagt. Ein amerikanischer Paß. McMahon. Elena McMahon.

Der Empfangschef hatte den Safe geöffnet, mehrere Pässe herausgenommen, sie fächerförmig auf dem Tresen ausgebreitet und die Achseln gezuckt.

Es war kein amerikanischer Paß dabei.

In den Brieffächern hinter dem Tresen konnte sie Schlüssel sehen, ein paar Notizzettel.

Das Fach für ihr Zimmer war leer.

Sie überlegte.

Der Empfangschef hob einen Zeigefinger, tippte sich an die Schläfe und lächelte. *Tengo la solución*, sagte er. Da sie ihren Paß ganz bestimmt zurückbekommen hatte, werde der Paß zweifellos in ihrem Zimmer gefunden werden. Ob sie so freundlich wäre, eine Nachsendeadresse zu hinterlassen.

Nicht nötig, hatte sie gesagt und sich zur offenen Tür gewandt.

Buen viaje, Señora Meyer, hatte der Empfangschef gerufen, als sie ins Flughafentaxi gestiegen war.

8 Als sie am Nachmittag des 2. Juli um halb zwei auf der Insel landete, war der Himmel mit dunklen Wolken verhangen und das Rollfeld überschwemmt von dem Regen, der die nächste Woche über in regelmäßigen Abständen fallen würde. Der costaricanische Pilot hatte diese Möglichkeit erwähnt. «Einige wenige Regenschauer, die aber niemandem die Urlaubsstimmung trüben können», so hatte sich der Pilot in seinem aufpolierten Englisch aus dem Cockpit vernehmen lassen. Während Elena den fremden Paß zum Schutz vor der Nässe unter ihr T-Shirt schob und dann Richtung Terminal losrannte, kam ihr der Gedanke, daß die wenigen Regenschauer wohl tatsächlich niemandem die Urlaubsstimmung trüben würden, da überhaupt kein Urlauber in Sicht war.

Keine Golftasche, kein Tennisschläger, kein sonnenverbranntes Kind, das an einer Hand mitgezogen wurde.

Kein nervöser Passagier mit vier vollgestopften Einkaufstaschen und einer Bordkarte für das Inselhopping im Sechssitzer zu einer attraktiveren Insel.

Es war noch nicht einmal ein Flughafenangestellter in Sicht.

Nur das halbe Dutzend junger Männer, deren Uniformen mit den kurzärmligen Jacken auf örtliche Militärpolizei schließen ließen und die innen vor den geschlossenen Glastüren auf und ab schlenderten.

Sie hatte sich vor die automatischen Schiebetüren gestellt

und, während der Regen ihr übers Gesicht lief, darauf gewartet, daß sie aufgingen.

Als die Türen nicht aufgingen, hatte sie an die Scheibe geklopft.

Nach einer Zeitspanne, die ihr beträchtlich vorkam, weil inzwischen auch die Flugzeugcrew mit ihr vor der Glastür wartete, löste sich einer der Männer drinnen von seiner Gruppe und schob einen Steckschlüssel ins Schloß, um die Tür zu öffnen.

Danke, hatte sie gesagt.

Weitergehen, hatte er gesagt.

Sie war weitergegangen.

Kein einziger Flugsteig war beleuchtet. Die Laufbänder rollten nicht, die Gepäckbänder standen still. Vor den Cafés und Boutiquen, ja sogar vor dem Laden, der mit der Aufschrift 24 STUNDEN DUTY-FREE warb, waren Eisengitter heruntergelassen worden. Sie hatte sich im Flugzeug innerlich darauf vorbereitet, Augenkontakt aufzunehmen, wenn sie durch die Paßkontrolle ging, aber der eine diensthabende Einreisebeamte hatte ihren Paß nur desinteressiert angesehen, abgestempelt und zurückgegeben, ohne ihren Blick zu erwidern.

«Wo wohnen Sie», hatte er gesagt und seinen Kugelschreiber in Wartestellung gebracht, um die Spalte in irgendeinem Formblatt auszufüllen, die für diese Information vorgesehen war.

Sie hatte versucht, sich eine plausible Antwort auszudenken. «Sie meinen, während meines Aufenthalts hier», hatte sie gesagt, um etwas Zeit zu schinden. «Sie meinen, in welchem Hotel.»

«Genau, genau, in welchem Hotel.» Er war gelangweilt, ungeduldig. «Ramada, Royal Caribe, Intercon, was denn nun.»

«Ramada», hatte sie gesagt.

Sie hatte sich ein Taxi besorgt und als Ziel das Ramada angegeben, aber dann, als die Türen zu waren, dem Fahrer erklärt, sie habe es sich anders überlegt, sie wolle nun doch zum Intercon. Im Intercon hatte sie sich als Elise Meyer eingetragen. Von ihrem Zimmer aus rief sie Barry Sedlows Beeper an und hinterließ die Nummer des Hotels.

Zwanzig Minuten später klingelte das Telefon.

Sie nahm den Hörer ab, meldete sich aber nicht.

So weit, so gut, sagte Barry Sedlow. Sie sind da, wo Sie sein sollen.

Sie überlegte.

Sie hatte die Nummer des Hotels auf seinem Beeper hinterlassen, aber nicht die ihres Zimmers.

Um in ihr Zimmer durchgestellt zu werden, mußte er wissen, unter welchem Namen sie sich eingetragen hatte.

Mußte wissen, daß der Paß auf den Namen Elise Meyer ausgestellt war.

Sie sagte nichts.

Rühren Sie sich nicht vom Fleck, sagte er. Irgend jemand wird sich bei Ihnen melden.

Sie sagte immer noch nichts.

Ich kann Sie so schlecht hören, sagte er. Haa-llooh.

Darauf war ein Schweigen eingetreten.

Verstehe, hatte er schließlich gesagt. Sie wollen nicht reden, Sie müssen auch nicht reden. Aber tun Sie sich einen Gefallen, ja? Beruhigen Sie sich. Gehen Sie runter an den Pool, geben Sie dem Jungen ein bißchen Kleingeld, damit er Ihnen einen Liegestuhl hinstellt, tanken Sie ein bißchen Sonne, bestellen Sie sich so einen Drink mit Kirschen und Ananas und Schirmchen, Sie sind als Touristin da, also bemühen Sie sich, wie eine Touristin aufzutreten, sagen Sie dem Typ am Empfang, er soll alle Anrufe für Sie durchstellen, machen Sie sich keine Gedanken darüber, wie die Sie finden sollen, die werden Sie schon finden.

Und das hatte sie getan. Sie hatte Barry Sedlow nicht geantwortet, aber sie hatte getan, was er ihr aufgetragen hatte.

Ich weiß nicht warum (wieder ein Beispiel dafür, *was sie «veränderte», was sie «motivierte», was sie dazu brachte, es zu tun*), aber sie hatte aufgelegt und auf eine Regenpause gewartet und dann genau das getan, was Barry Sedlow ihr aufgetragen hatte.

Nachmittags um vier und dann am nächsten Tag mittags um zwölf und am übernächsten wieder mittags um zwölf hatte sie die Lokalzeitung gekauft und dazu die amerikanischen Zeitungen vom Vortag, die sie am Kiosk bekommen konnte, hatte sich dann auf den Weg zum Pool des Intercon gemacht und dem Jungen ein Trinkgeld gegeben, damit er ihr einen Liegestuhl nicht weit vom Telefon am Poolhäuschen aufstellte. Sie hatte sich auf ihrem Liegestuhl unter den grauen Himmel ausgestreckt, und sie hatte die Zeitungen von vorn bis hinten durchgelesen, eine nach der anderen, angefangen mit der Lokalzeitung, dann den *Miami Herald* oder die *New York Times* oder die *USA Today*, was auch immer an diesem Morgen hereingekommen war. Im Liegestuhl am Pool des Intercon las sie über den Streik der Hafenarbeiter auf den Grenadinen. Im Liegestuhl am Pool des Intercon las sie über die Protestdemonstrationen in Pointe-à-Pitre gegen die Verhaftung des Anführers der Unabhängigkeitsbewegung. In einer schon eine Woche alten *USA Today* las sie über eine Fischtrantherapie für unfruchtbare Pandabären in zoologischen Gärten irgendwo auf der Welt. Die einzigen Artikel, die sie dort im Liegestuhl am Pool des Intercon nicht las, waren diejenigen, die sich mit dem Wahlkampf beschäftigten. Sie ignorierte jeden Artikel, der sich mit dem Wahlkampf beschäftigte. Am liebsten las sie Artikel, die etwas mit Naturgewalten zu tun hatten, Artikel über neue Anzeichen für Rifferosionen auf den Malediven etwa oder die jüngsten Forschungsergebnisse über die kalte pazifische Meeresströmung El Niño.

Über ungewöhnliche Windströmungen, die vor der afrikanischen Küste verzeichnet wurden.

Über umstrittene Daten, die die Wahrscheinlichkeit von Erdbeben oberhalb der Stärke von 5,5 auf der Richterskala prognostizierten.

Amerikanerin, hatte der Poolboy gesagt, als sie ihm am ersten Tag einen US-Dollar Trinkgeld gegeben hatte. Eine Menge Amerikaner kommen hierher.

Ach ja, hatte sie gesagt, um das Gespräch zu beenden.

Gut fürs Geschäft, hatte er gesagt, um das Gespräch wiederzueröffnen.

Sie hatte den Blick über den leeren Pool schweifen lassen, über die unbenutzten Liegestühle, die in Stapeln an einer Wand des Poolhäuschens lehnten. Anscheinend gehen sie nicht soviel schwimmen, hatte sie gesagt.

Er hatte gekichert und sich ein Handtuch gegen den Oberschenkel geklatscht. Gehen nicht soviel schwimmen, sagte er schließlich. Nein.

Am dritten Tag konnte sie die Amerikaner tatsächlich nicht mehr übersehen. Die ersten hatte sie schon am Abend zuvor in der Café-Bar bemerkt, lauter Männer. Dann noch mehr in der Lobby, wo sie lachend miteinander am Eingang standen und darauf warteten, in einen neutralen, gepanzerten Transporter einzusteigen.

Der Transporter hatte CD-Nummernschilder.

Ich schwör's euch, hatte einer der Amerikaner gesagt, diese Sache in Chalatenango – da hab ich echt volle dreieinhalb Ladestreifen verballert.

O Mann, hatte ein anderer gesagt. Kennt ihr den Unterschied zwischen einem von denen und einem Vampir? Wenn man 'nem Vampir einen Stock durchs Herz stößt, dann ist der Spuk vorbei.

Keine Amerikaner am Pool.

Bis jetzt.

Während sie die Lokalzeitung las, merkte sie, daß einer der Männer, die in der Lobby darauf gewartet hatten, in den Transporter mit den CD-Nummernschildern einzusteigen, zwischen ihrem Liegestuhl und dem Pool stand und damit den Fliesenweg blockierte. Er rauchte eine Zigarette, während er den ansonsten menschenleeren Poolbereich musterte.

Er wandte ihr den Rücken zu.

Auf seiner Trainingsjacke stand 25. DIVISION TROPIC LIGHTNING.

Sie merkte, daß sie zum dritten Mal denselben Bericht über eine Welle von Diebstählen und Carnappings rings um den Internationalen Flughafen Cyril E. King auf St. Thomas las.

Entschuldigen Sie, sagte sie. Könnten Sie mir sagen, wie spät es ist?

Er schnipste seine Zigarette in Richtung der Uhr, die über der Theke des Poolhäuschens hing.

Die Uhr zeigte zehn Minuten nach eins.

Sie legte die Lokalzeitung hin und griff nach dem *Miami Herald*.

Sie las den *Miami Herald*, bis sie zur Seite sechzehn von Teil B kam.

Seite sechzehn von Teil B der Ausgabe des *Miami Herald* vom 2. Juni, also zwei Tage alt.

McMAHON, Richard Allen, 74, verstorben am 30. Juni 1984 in ärztlicher Obhut in der Clearview Convalescent Lounge, South Kendall. Über Ort und Zeit der Beisetzung wurde nichts bekannt.

Sie legte die Zeitung zusammen, stand auf und drängte sich an dem Amerikaner mit der Trainingsjacke vorbei.

Pardon, sagte er. Ma'am.

Entschuldigung, sagte sie.

Vor dem Hotel suchte sie sich ein Taxi und sagte dem Fahrer, er solle sie zur amerikanischen Botschaft bringen. Das «kleine Problem» (wie sie dachte) nahm allein schon am Haupttor der Botschaft zehn Minuten in Anspruch. Der «irgendwie gespenstische Zufall» (wie sie dachte) oder «Zwischenfall» (wie er sofort genannt wurde) beim Botschaftspicknick kostete sie weitere zehn Minuten. Als sie am Nachmittag des 4. Juli gegen halb drei zu ihrem Zimmer im Intercon zurückkam, schrieb sie zwei Briefe, einen an Catherine und einen an Wynn Janklow, und brachte dann beide zur Annahmestelle für Lufteilgut, von wo aus sie am nächsten Tag in die Vereinigten Staaten befördert werden würden. *Spätzchen*, begann der Brief an Catherine. Sie hatte Catherine zweimal aus San José angerufen und dann noch einmal am Abend nach ihrer Ankunft auf der Insel, aber alle drei Telefongespräche waren unbefriedigend verlaufen, und jetzt konnte sie Catherine nicht erreichen.

Habe vor ein paar Minuten versucht, Dich anzurufen, aber Du hattest Dich zu einem Ausflug nach Cape Ann mit Francie und ihren Eltern abgemeldet – wußte also nicht, wie ich Dich erreichen sollte. Dabei gibt es zwei Dinge, die Du unbedingt sofort wissen mußt. Das erste ist, daß ich Deinen Vater gebeten habe, Dich abzuholen und nach Malibu zu bringen. Nur für die Zeit, bis ich von dieser Reise zurückkomme. Du hast sowieso keine Sommerkurse nötig, und Dein Vater wird bestimmt dafür sorgen, daß Du Dich dort auf Deinen Leistungstest vorbereiten kannst. Das zweite ist, daß ich Dich liebhabe. Wir streiten uns zwar manchmal, aber ich glaube, wir wissen beide, daß ich nur mit Dir streite, weil ich mir für Dich ein glückliches und ausgefülltes Leben wünsche. Weil ich mir für Dich wünsche, daß Du Deine Zeit nicht vergeudest. Daß Du Deine Begabungen nicht vergeudest. Daß Du Dir von niemandem einreden läßt, Du solltest anders sein, als Du bist.

Ich hab Dich unheimlich lieb. Tausend Küsse, M.

P.S. Falls dich irgend jemand anders als Dein Vater von der Schule abholen will, GANZ EGAL, MIT WELCHER BEGRÜNDUNG, dann laß Dich AUF KEINEN FALL mitnehmen.

Der Brief an Wynn Janklow war kurz, weil sie ihn gleich nach ihrer Rückkehr von der Botschaft in seinem Haus in Malibu hatte erreichen können. Sie hatte von einem öffentlichen Fernsprecher in der Lobby des Intercon angerufen. Wäre er nicht ans Telefon gekommen, dann hätte sie es so lange weiterprobiert, bis der Kontakt zustande gekommen wäre, weil sie mit Wynn reden mußte, bevor sie sich in eine Situation begab (im Fahrstuhl etwa oder dem Flur auf ihrer Etage), in der sie möglicherweise allein war.

Eine Situation, in der etwas passieren könnte, das sie davon abhalten würde, Wynn zu sagen, was er tun sollte.

Wynn war ans Telefon gekommen.

Wynn hatte ihr erzählt, er sei gerade erst aus Taipeh zurückgekommen.

Sie hatte Wynn gesagt, was er tun sollte.

Den irgendwie gespenstischen Zufall beim Botschaftspicknick hatte sie nicht erwähnt.

Nach meinen Informationen dürfte Dick McMahon kein Problem sein, hatte sie beim Botschaftspicknick die Stimme sagen hören, die ihr von irgendwoher bekannt vorkam.

Die Musik – ein Sousa-Marsch, von einer Steelband gespielt – war genau in diesem Moment verstummt, und die Stimme, die ihr von irgendwoher bekannt vorkam, war durch das ganze Festzelt getragen worden.

Diik McMaa-aan, so sprach die irgendwie bekannte Stimme den Namen aus. *Nach meinen Informationen dürfte Diik McMaa-aan kein Problem sein.*

Sie konnte die Stimme nirgendwo unterbringen, bis sie am anderen Ende des Festzelts den Salvadorianer sah.

Mein Problem ist folgendes, hatte der Salvadorianer in der Pan-Am-Lounge vom Flughafen Miami gesagt, wie ihr plötzlich wieder einfiel, während er den Umschlag betastete, den Barry Sedlow ihm zugesteckt hatte. *Wir haben hier ein kleines Problem.*

Ein Übergangsreisender, hatte Barry Sedlow auf der Autofahrt gesagt, direkt nachdem er die Ampel mit einer Browning 9 mm ausgeschossen hatte. *Bestimmt schon wieder in der Sechs-Uhr-Maschine nach San Salvador. Geht uns nichts an.*

Der Salvadorianer war der irgendwie gespenstische Zufall.

Der Salvadorianer war der Grund dafür, daß sie mit Wynn telefonierte.

Der Salvadorianer war der Grund dafür, daß sie versuchte, mit Catherine zu telefonieren.

Der Salvadorianer war der Grund dafür, daß sie die beiden Briefe schrieb und zur Annahmestelle für Lufteilgut brachte, von wo sie am nächsten Tag zu Catherine und Wynn befördert werden würden.

Der Salvadorianer war der Grund dafür, daß sie von der Annahmestelle für Lufteilgut zu einer Filiale der Bank of America ging, wo sie sich elftausend Dollar in bar auszahlen ließ, die Summe, die auf Elena McMahons verschiedenen Kreditkarten insgesamt bar verfügbar war.

Der Salvadorianer war der Grund dafür, daß sie dann die Kreditkarten vernichtete.

Nach meinen Informationen dürfte Dick McMahon kein Problem sein.

Geht uns nichts an, hatte Barry Sedlow gesagt, aber das tat es doch.

Sie schrieb die Briefe, und sie sorgte dafür, daß Wynn sich um Catherine kümmerte, und sie beschaffte sich die elftausend Dollar in bar, und sie vernichtete die Kreditkarten, weil sie keine Möglichkeit sah, herauszufinden, ob vielleicht Dick McMahons Tochter als ein Problem betrachtet wurde.

Eine halbe Generation später könnte ich an meinem Schreibtisch in einem Apartment in Manhattan Upper East Side einfach den Schluß ziehen, daß Elena an diesem Nachmittag nicht ganz logisch handelte, könnte ich einfach davon ausgehen, daß sie irgendwann in der Stunde, nachdem sie vom Tod ihres Vaters erfahren und bevor sie den Salvadorianer wiedergesehen hatte, in Panik geraten, durchgedreht war, gleichsam reagiert hatte wie ein wildes Tier, eine Tiermutter, die, in die Enge getrieben, versucht, ihr Junges zu verstecken, die versucht, auf der Hut, auf dem Sprung, am Leben zu bleiben.

Ich kann Ihnen nur berichten, was sie tat.

Ich kann Ihnen nur berichten, daß das, was sie zu diesem Zeitpunkt an diesem Ort tat, seine eigene Logik hatte.

Wynn, begann der zweite der beiden Briefe, die sie an diesem Nachmittag schrieb.

Ich konnte es Dir nicht am Telefon sagen, aber hier ist etwas ganz Schlimmes im Gange. Ich weiß selber nicht genau, was es ist. Bitte, bitte, tu das, was wir vorhin besprochen haben.

P.S., begann der Nachtrag.

Du mußt sie unbedingt selbst abholen, das heißt, Du kannst nicht Rudich schicken.

Rudich war jemand, der für Wynns Vater gearbeitet hatte und jetzt für Wynn arbeitete. Rudich war derjenige, der gewisse Dinge für Wynn erledigte. Rudich hatte auch einen Vornamen, aber niemand schien ihn je zu benutzen, und sie hatte ihn vergessen. Rudich war derjenige, den Wynn anrief, wenn er jemanden brauchte, der nach Wyoming flog, um die Hypothek für eine verschuldete Ranch abzulösen. Rudich war derjenige, den Wynn losschickte, wenn er jemand brauchte, der für ihn am nächsten Morgen einen Vertrag in Tokio ablieferte. Rudich war wahrscheinlich auch derjenige, der jetzt den Partyservice anrief, wenn der Sonntagslunch zum Tennis geliefert werden sollte.

Rudich konnte alles mögliche tun, aber Rudich konnte nicht das tun, was jetzt getan werden mußte.

Bitte, bitte, tu, was wir besprochen haben.

In Liebe. Trotz allem. E.

9

Als ich das letzte Mal in Los Angeles war, wollte ich es mir nicht nehmen lassen, Wynn Janklow zu treffen.

«Kommen Sie doch am Sonntag bei mir zu Hause vorbei», hatte er am Telefon gesagt. «Es werden noch ein paar Leute hier sein, wir können reden, bringen Sie einen Tennisschläger mit.»

Ich gebrauchte eine Ausrede, weil ich ihn lieber in seinem Büro in Century City aufsuchen wollte.

Ich bewunderte, auf seine Veranlassung hin, die Fotos, die ein paar Monate zuvor bei Catherines Hochzeit aufgenommen worden waren.

«Große Sause», sagte er. «Unter der *Chuppa* am Strand bei Sonnenuntergang, ich hab Bobby Short einfliegen lassen, als musikalische Begleitung zum Dinner, dann gab es zwei Bands und ein Feuerwerk, ich finde bis heute noch Champagnergläser im Gebüsch, aber was soll's, tolle Kids, alle beide.»

Ich bewunderte, wiederum auf seine Veranlassung hin, den Blick aus seinen Bürofenstern auf Catalina, die klare Luft trotz dem, wie er sagte, «Ökofreak-Katastrophengesabbel, das ich, so wahr ich hier stehe, selbst von Leuten zu hören kriege, die ich als meine Freunde betrachte».

Ich wartete, bis die Sekretärin das obligate Silbertablett mit den obligaten gefalteten Leinenservietten, den obligaten zwei Flaschen Evian und den obligaten Bakkaratgläsern hereingebracht hatte.

Erst als die Sekretärin den Raum verlassen und die Tür geschlossen hatte, fragte ich Wynn Janklow, ob er sich noch erinnern könne, was er gedacht hatte, als zunächst der Anruf und einen Tag später der Brief von Elena gekommen war.

Er hatte demonstrativ die Stirn gerunzelt. «Das muß, lassen Sie mich nachdenken, wann das gewesen sein muß.»

Neunzehnhundertvierundachtzig, sagte ich. Juli 1984.

Wynn Janklow drehte sich mit seinem Stuhl und sah aus dem Fenster, blinzelnd, als könne sich 1984 aus der Silhouette von Catalina heraus materialisieren.

Na ja, so schlimm war's nicht, sagte er dann. Soweit er sich erinnerte, hatte er in der Woche ohnehin nach New York reisen müssen, also war er statt dessen nach Boston hoch geflogen und dann mit einem Mietwagen nach Newport gefahren; schon um Mitternacht war er mit Catherine in New York gewesen.

Mordsmäßige Hitzewelle, erinnerte er sich.

Sie wissen schon.

Die Sorte, wo man aus dem Auto steigt und sofort im Asphalt einsinkt und zusehen muß, daß man schnell wegkommt, bevor man verdampft.

Er erinnerte sich, daß Catherine auf seine Veranlassung hin noch in derselben Nacht Elena angerufen und ihr erzählt hatte, sie würde in der Hollywood-Suite des Regency sitzen und Hummer aus Maine futtern.

Tolles Mädel, schon damals. Ist einfach ein tolles Mädel.

Ja, und noch etwas, wo wir schon dabei waren, da hatte es irgendeinen Haken gegeben, man konnte Elena nicht einfach so anrufen, die Anmeldung im Hotel war irgendwie nicht korrekt gelaufen, man mußte nach jemand anderem fragen, sie hatte ihm bei ihrem Anruf den Namen genannt, und er hatte Catherine den Namen weitergegeben.

Elise Meyer, sagte ich.

Elise Meyer, wiederholte er. Kein Problem, er war ja froh gewesen, tun zu können, worum Elena ihn gebeten hatte.

Er war hier gewesen, und Elena war dort gewesen, aber kein Problem, sie standen sich gut miteinander, schließlich hatten sie doch dieses tolle Mädel, und sie waren ja beide erwachsene Menschen, anders als so manche, die sich trennten oder scheiden ließen oder was auch immer, Elena und er hatten die ganze Zeit über eine höchst zivilisierte Beziehung aufrechterhalten.

Offen gestanden war ihm ihr Anruf vielleicht ein bißchen überspannt vorgekommen.

4. Juli, er war gerade aus Taipeh zurückgekommen, hatte daran gedacht, ein bißchen Tennis zu spielen, den Jetlag auszuschwitzen, bevor er nach New York weiter mußte.

Und dann dieser Anruf von Elena.

Hey, Moment mal, hatte er seiner Erinnerung nach gesagt. Es ist also was in der Botschaft passiert, irgendein Sesselfurzer hat dich auflaufen lassen, hör zu, ich werd mal ein paar Anrufe machen, dem Dreckskerl 'ne Rakete in den fetten Arsch jagen.

Du verstehst nicht, was los ist, hatte Elena seiner Erinnerung nach gesagt.

Du müßtest hier sein, um zu verstehen, was los ist, hatte Elena seiner Erinnerung nach gesagt.

Wynn Janklow sah wieder aus dem Fenster. «Ende der tragischen Geschichte», sagte er.

Es war ein Schweigen eingetreten.

«Und was ist das Tragische an der Geschichte», sagte ich schließlich. «Glauben Sie, daß Elena vielleicht doch recht hatte? Ist das das Tragische an der Geschichte?» Ich bemühte mich um einen neutralen Ton – eine Therapeutin beim Versuch, ihren Klienten zurückgehen zu lassen. Ich wollte miterleben, wie er sich mit der Situation auseinandersetzte, der Stunde, in der Elena zum wilden Tier geworden war. «Meinen Sie etwa auch, daß Sie hätten dort sein müssen, um zu verstehen, was los war?»

Zunächst antwortete er nicht.

«Vielleicht ist Ihnen der Apparat aufgefallen, den ich dort an der Wand habe», sagte er dann.

Er erhob sich und ging hinüber zu einer elektronischen Mercatorprojektion, die an die Wand montiert war, eins dieser Geräte, von denen man die Uhrzeit überall auf der Welt ablesen kann, auf denen man verfolgen kann, wie ein Teil der Weltkarte in die Dunkelheit wandert und ein anderer ins Tageslicht rückt.

«Sie können die Sonne an jedem x-beliebigen Ort auf- und untergehen sehen», sagte er. «Von diesem Platz aus. Sie müssen sich nur hier hinstellen und draufsehen.» Er tippte mit dem Finger auf die Weltkarte. «Und trotzdem haben Sie nicht die leiseste Ahnung, was dort passiert.»

Er setzte sich wieder hinter seinen Schreibtisch.

Er nahm einen Briefbeschwerer in die Hand und drückte auf die Gegensprechanlage.

«Es ist nur ein Spielzeug», sagte er dann. «Ehrlich gesagt brauche ich es nur, wenn ich telefonieren will, ich seh einfach dort rüber und weiß auf einen Blick, wer zur Zeit wach sein dürfte, mit anderen Worten, bei wem ich anrufen kann.»

Wieder drückte er auf die Gegensprechanlage.

«Aber das heißt noch längst nicht, daß derjenige auch wirklich wach ist.» Er wirkte erleichtert, als er die Sekretärin hereinkommen sah. «Ach, Raina, wenn Sie ein paar Parkticket-Marken auftreiben könnten, dann würde ich unseren Gast jetzt nach unten begleiten.»

10 Natürlich konnte Elena recht gehabt haben.

Natürlich hätte man dort sein müssen, um zu verstehen, was los war.

Natürlich hätte das, was beim Botschaftspicknick am 4. Juli passierte, für jemanden, der nicht dort war, nicht unbedingt den Namen «Zwischenfall» verdient.

Natürlich hätte das, was beim Botschaftspicknick am 4. Juli passierte, für jemanden, der nicht dort war, nicht unbedingt auf einen «Zwischenfall» hingedeutet, sondern vielmehr darauf, daß es an der Zeit war, ein paar Anrufe zu machen, ein paar Raketen in ein paar fette Ärsche zu jagen.

«Der Zwischenfall» – so nannte Alex Brokaw das, was passiert war, als er seinem Gesandten sagte, es könne ganz sinnvoll sein, eine Personenüberprüfung für eine gewisse Elise Meyer zu beantragen. «Wenn Sie mich entschuldigen würden, ich muß mich um einen kleinen Zwischenfall kümmern» – so formulierte es der Gesandte, um die Unterhaltung mit dem Projektmanager von Brown & Root abzubrechen, der soeben eingetroffen war, um die Installierung zusätzlicher Befestigungssysteme für die Botschaft zu beaufsichtigen. «Reine Vorsichtsmaßnahme bei einem doch etwas beunruhigenden Zwischenfall, den wir hier hatten» – so formulierte es der Gesandte, als er den Antrag auf Personenüberprüfung für eine gewisse Elise Meyer durchgab.

Der doch etwas beunruhigende Zwischenfall hatte sich wie folgt zugetragen:

«Ich bin amerikanische Staatsbürgerin, und ich muß mit einem Konsularbeamten sprechen», hatte Elena McMahon gesagt, als sie den mit Zeltplanen überdachten Bereich betrat, in dem das Botschaftspicknick stattfand.

Das traditionelle Picknick zum Nationalfeiertag, das in jeder amerikanischen Botschaft abgehalten wird und an dem jeder amerikanische Staatsbürger teilnehmen kann, der sich gerade in der Gegend aufhält.

Das Picknick zum Nationalfeiertag, das in einem Land, wo jeder amerikanische Staatsbürger, der sich gerade in der Gegend aufhielt, entweder offiziell oder inoffiziell auf der Gehaltsliste der einen oder anderen Botschaftsabteilung stand, bestenfalls eine lästige Tradition gewesen sein dürfte.

Sie müsse, hatte sie gesagt, einen verlorenen Paß ersetzt bekommen.

Sie wolle das Picknick nicht stören, hatte sie gesagt, aber sie sei zum Konsulat gegangen, und der Wachposten am Tor habe ihr erklärt, das Konsulat sei am heutigen Feiertag geschlossen, und sie müsse ihren Paß sofort ersetzt bekommen.

Sie müsse ihren Paß sofort ersetzt bekommen, weil sie sofort in die Vereinigten Staaten zurückkehren müsse.

Die Frau sei, laut Aussage des Konsularbeamten, den man schließlich aufgetrieben hatte, offenbar «etwas verwirrt» gewesen und «nicht in der Lage oder nicht bereit», sein Angebot zu akzeptieren, das Durcheinander aufzuklären.

Das Durcheinander, das daher rührte, daß die Frau ja im Besitz ihres Passes war.

Das Durcheinander mit dieser Frau hatte am Tor begonnen.

Sie hatte auch dem diensthabenden Wachsoldaten am Tor erklärt, sie habe ihren Paß verloren, und als er ihr daraufhin mitteilte, sie möge am nächsten Morgen wiederkommen, wenn das Konsularbüro wieder geöffnet habe, hatte sie eingewandt, morgen sei es zu spät, sie müsse sofort einen Konsularbeamten sprechen.

Der diensthabende Wachsoldat hatte ihr versichert, dies sei unmöglich, da alle Konsularbeamten beim Botschaftspicknick seien.

Dem Botschaftspicknick, an dem sie leider nicht teilnehmen könne, da von den Gästen die Vorlage eines amerikanischen Passes verlangt werde.

Woraufhin die Frau ihren Paß vorgezeigt hatte.

Und ihn, genau wie jeder andere der Botschaft unbekannte Gast seinen beziehungsweise ihren Paß hinterlegen mußte, bei dem Wachposten am Eingang zu dem mit Zeltplanen überdachten Bereich hinterlegt hatte.

Die Frau hatte ihren Paß hinterlegt und sich ins Gästebuch der Botschaft eingetragen.

Da war, er konnte sie ihr zeigen, ihre Unterschrift: *Elise Meyer*.

Da war, der Wachposten konnte und würde ihn ihr auch wieder aushändigen, ihr Paß: *Elise Meyer*.

Darin bestand das Durcheinander.

Laut Angaben des Konsularbeamten hatte sie den Paß genommen und ihm hingehalten, als wolle sie ihn vorzeigen oder übergeben. Einen Moment lang hatte sie geschwiegen. «Den brauchte ich doch nur, um reinzukommen – ich muß nämlich etwas erklären», hatte sie dann gesagt und war wieder verstummt.

Sie hatte quer durchs Zelt geschaut.

Die Steelband hatte aufgehört zu spielen.

Die Frau war, wie der Konsularbeamte berichtete, «offenbar sehr an einigen unserer salvadorianischen Freunde interessiert».

«Hübsche Idee übrigens, die Steelband», hatte der Konsularbeamte hinzugefügt, «aber im nächsten Jahr wäre es vielleicht doch angebracht, diesen Leuten zu sagen, daß ‹Rule Britannia› keine von unseren Hymnen ist.»

In dem Moment, als die ersten Töne von «Rule Britannia» erklungen waren, hatte die Frau den Paß in ihre Tasche gesteckt, hatte die Tasche zugemacht und war dann hinaus aus dem Zelt und über den Rasen und durchs Tor fortmarschiert.

«Sie wollten doch gerade etwas erklären», hatte der Konsularbeamte ihr noch hinterhergerufen.

«Das hat sich erledigt», hatte sie gesagt, ohne sich umzudrehen.

Das war der Anlaß für die Personenüberprüfung gewesen.

Die Personenüberprüfung, die beantragt worden war, um einen Hinweis darauf zu bekommen, wer sie war und was sie dort zu tun hatte.

Die Personenüberprüfung, die den Schönheitsfehler ans Licht brachte.

Die Personenüberprüfung, die im Sande verlief.

Die in einer Sackgasse endete.

Der Paß auf den Namen Elise Meyer war offenbar am 30. Juni 1984 von der US-Paßbehörde in Miami ausgestellt worden, doch die US-Paßbehörde in Miami fand keinerlei Unterlagen darüber, daß ein Paß auf den Namen Elise Meyer ausgestellt worden war.

Das war der Schönheitsfehler.

11

Der junge FBI-Agent, der vom Büro in Miami eingeflogen war, hatte die erste Befragung damit eröffnet, daß er den Schönheitsfehler erwähnte.

Sie hatte ein verblüfftes Gesicht gemacht.

Die Unstimmigkeit, den Widerspruch, wie auch immer sie das nennen wolle.

Er sei sicher, daß sie die Sache sofort aufklären könne.

Er sei überzeugt, daß sie eine simple Erklärung für den Schönheitsfehler liefern könne.

Für die Unstimmigkeit.

Den Widerspruch.

Sie hatte ihm überhaupt keine Erklärung geliefert.

Sie hatte nur die Achseln gezuckt. «Für mich in meinem Alter sind Widersprüche eigentlich nichts sonderlich Überraschendes», hatte sie gesagt. «Sie sind wie alt? Sechsundzwanzig, siebenundzwanzig?»

Er war fünfundzwanzig.

Er hatte beschlossen, es auf eine andere Tour zu versuchen.

«Nehmen wir für den Moment mal an, jemand hätte Ihnen offensichtlich gefälschte Papiere beschafft», begann er.

«*Sie* nehmen das an», sagte sie. «Natürlich. Weil Sie noch keine große Erfahrung damit haben, wie es im Leben so läuft. Sie meinen immer noch, alles würde so laufen, wie es laufen soll. *Ich* nehme an, daß es sich hier einfach um einen besonders typischen Fall von Arbeitsmoral handelt.»

«Wie bitte?»

«Vermutlich arbeiten Sie in einem Büro, wo kein Mensch je einen Fehler macht», sagte sie. «In einem Büro, wo kein Mensch je auf die falsche Taste haut, weil alle scharf auf ihre Pause sind.»

«Ich verstehe nicht, worauf Sie hinauswollen.»

«Halten Sie es denn nicht für möglich, daß irgendein untergeordneter Beamter in der Paßbehörde meinen Eintrag aus Versehen gelöscht hat?»

Dies war durchaus eine reale Möglichkeit, aber er entschloß sich, nicht darauf einzugehen. «Manchmal werden offensichtlich gefälschte Papiere zu dem Zweck beschafft, den Benutzer in eine Lage zu bringen, in der er sich zu etwas erpressen läßt, was er unter anderen Umständen nicht tun würde.»

«Ist das etwas, was Sie bei den Marines gelernt haben?»

Er ging über diese Bemerkung hinweg. «Mit anderen Worten», wiederholte er, «jemand könnte Sie in eine solche Situation gebracht haben.» Er legte eine Kunstpause ein. «Jemand könnte Sie benutzen.»

«Wofür», sagte sie.

«Falls es ein Komplott gäbe», sagte der Agent.

«Das ist Ihre Erfindung. Dieses Komplott. Das ist Ihr Film. Ganz allein Ihr Film.»

Der Agent legte eine Pause ein. Sie hatte sich mit der Befragung einverstanden erklärt. Sie war nicht unkooperativ gewesen. Weil sie nicht unkooperativ gewesen war, ließ er ihr das durchgehen, obwohl es nicht ganz den Tatsachen entsprach. Das Komplott mit dem Ziel, Alex Brokaw zu ermorden, war nämlich nicht seine Erfindung. Im Dunstkreis der Botschaft und auch in Miami kursierten verschiedene Theorien darüber, wessen Erfindung dieses Komplott nun eigentlich war; die beliebteste lautete, daß Alex Brokaw selbst den Bericht veranlaßt hatte, um so eine bestimmte zweigleisige Vorgehensweise, die damals vom Außenministerium befürwortet worden war, zum Kippen zu bringen, doch sobald die Existenz eines Komplotts von einer «vormals zuverlässigen Quelle», wie sie in den Fernmeldeverkehren genannt wurde, berichtet worden war, mußte dies als Tatsache akzeptiert werden. Es mußten dokumentierbare Schritte unternommen werden. Die Unterlagen im Außenministerium mußten vorschriftsmäßig die Bildung eines Krisenmanagementteams in der Karibikabteilung ausweisen. Die Akten mußten vorschriftsmäßig ausweisen, daß Wandkarten angefordert worden waren, mit bunten Stecknadeln zur Visualisierung aller bekannten Akteure. Die Scherengitterabsperrungen rings um die Außengebäude der Botschaft mußten vorschriftsmäßig verstärkt werden. Nachweislich. Alle AM/Botschaftsangehörigen und alle nicht unbedingt benötigten Mitarbeiter mußten vorschriftsmäßig dazu angehalten werden, Heimaturlaub zu nehmen. In dreifacher Ausfertigung. Alle nicht überprüften amerikanischen Staatsbürger mit Kontakt zu AM/Botschaftsmitarbeitern mußten befragt werden.

Vorschriftsmäßig.

Also auch diese Person.

Diese Person hatte aufgrund ihrer Anwesenheit auf der Insel Kontakt zu AM/Botschaftsmitarbeitern.

Diese Person hatte noch nicht überprüft werden können.

Irgend etwas an der Art, wie diese Person den Ausdruck «Ihr Film» verwendet hatte, beunruhigte ihn, aber er hakte auch hier nicht nach.

«Wenn es ein Komplott gäbe», wiederholte er, «könnte jemand Sie benutzen.»

«Das sagen Sie.»

In dem darauffolgenden Schweigen hatte der junge Mann

mit seinem Kugelschreiber auf den Tisch geklackert. Es gab noch so einiges, was ihn an dieser Person beunruhigte, aber er durfte sich durch das, was ihn beunruhigte, nicht aus dem Konzept bringen lassen. Möglicherweise handelte es sich hier um ein syntaktisches Problem, ein Mißverständnis, das sich durch Umformulierung aufklären ließ. «Wie würden Sie es denn ausdrücken?» fragte er schließlich.

Sie zog eine lose Zigarette aus ihrer Tasche, und dann, als er den Fehler machte, dies als ein gutes Zeichen anzusehen, steckte sie die Zigarette wieder in die Tasche, ohne das Streichholz zu beachten, mit dem er noch immer erfolglos herumfummelte.

«Es könnte irgendein Spiel geben», sagte sie. «Und ich könnte irgendwo mit drinstecken.»

«In dem Komplott.»

«In dem Spiel.»

Der Agent sagte nichts.

«In dem wie auch immer Sie es nennen wollen», fuhr sie fort. «Es ist Ihr Spiel.»

«Lassen Sie uns einmal an einem anderen Punkt ansetzen», sagte er nach einer kurzen Pause. «Sie sind aus San José hierhergekommen. Aus Costa Rica. Aber es existieren keinerlei Unterlagen darüber, daß Sie je nach Costa Rica eingereist sind. Lassen Sie uns einmal damit anfangen.»

«Sie wollen wissen, wie ich nach Costa Rica gekommen bin.» Ihre Stimme hatte wieder kooperativ geklungen.

«Genau.»

«Sie brauchen nicht mal einen Paß, um nach Costa Rica einzureisen. Ein amerikanischer Staatsbürger kann mit einer Touristenerlaubnis nach Costa Rica einreisen. Mit einer Touristenerlaubnis aus dem Reisebüro.»

«Aber Sie haben es nicht so gemacht.»

Wieder war ein Schweigen eingetreten.

«Ich erzähle Ihnen jetzt etwas», sagte sie dann. «Entweder Sie kapieren es oder nicht. Ich bin noch nicht lange hier, aber doch schon so lange, daß mir die vielen Amerikaner hier aufgefallen sind. Ich sehe sie auf der Straße, ich sehe sie im Hotel, ich sehe sie überall. Ich weiß nicht, ob sie ihre eigenen Pässe haben. Ich weiß nicht, wessen Pässe sie haben. Ich weiß nur eins: Das sind keine Urlauber.»

Wieder zog sie die lose Zigarette aus ihrer Tasche, und wieder steckte sie sie zurück in die Tasche.

«Deshalb schlage ich vor, daß Sie mal ein Weilchen darüber nachdenken, was diese Leute hier tun», sagte sie. «Ich möchte wetten, daß Sie sich dann ziemlich genau denken können, wie ich nach Costa Rica eingereist bin.»

Befragte «Elise Meyer» räumt ein, im Besitz von offensichtlich gefälschten Papieren ins Land eingereist zu sein, bietet aber keine weiteren Informationen hinsichtlich sowohl der Quelle besagter Papiere als auch des Zwecks ihrer Einreise, hieß es im Vorbericht des Agenten. Empfehlung: fortgesetzte Überwachung und Ermittlungen bis zu dem Zeitpunkt, wo Identität der Befragten sowie Zweck ihrer Einreise in besagtes Land festgestellt werden können.

Die erste Befragung fand am 10. Juli 1984 statt.

Eine zweite Befragung, in der Vernommene und Vernehmender ihre entsprechenden Positionen wiederholten, fand am 11. Juli 1984 statt.

Am 12. Juli zog Elena McMahon vom Intercon ins Surfrider.

Am 14. August kam Treat Morrison mit der American-Maschine aus Washington, die um zehn Uhr vormittags landete, machte am Intercon halt, um sein Gepäck zu deponieren, und sah sie bei dieser Gelegenheit allein in der Café-Bar des Intercon sitzen.

Allein an dem runden Tisch, der für acht gedeckt war.
In dem weißen Kleid.
Mit dem Schokoladenparfait und dem Bacon vor sich.
Als er später an diesem Tag in der Botschaft eintraf, erfuhr er von Alex Brokaws Gesandtem, daß die Frau, die er in der Café-Bar des Intercon gesehen hatte, am 2. Juli mit einem offensichtlich gefälschten Paß auf der Insel angekommen war, der sie als Elise Meyer auswies. Auf sein Ersuchen hin hatte der Gesandte Anweisung gegeben, ihn über den Fortgang der laufenden FBI-Ermittlungen zu informieren, durch die festgestellt werden sollte, wer Elise Meyer war und was sie dort tat. Später wurde ihm klar, daß gewisse Leute in der Botschaft schon zu diesem Zeitpunkt gewußt haben mußten, wer Elise Meyer war und was sie dort tat, aber damals war ihm das noch nicht klar.

DREI

1 Eigentlich müßte ich Treat Morrison verstehen.

Ich habe ihn studiert, ich habe ihn eruiert.

Ich habe ihn untersucht, ich habe ihn interviewt, ich habe ihn beobachtet, ihm zugehört.

Ich habe seine Sprechweise kennengelernt, habe gelernt, wie ich die halb zurückgehaltenen Formulierungen verstehen mußte, das jähe Senken der Stimme, das Diminuendo, das Schlüsselworte fast unhörbar machte, und das plötzliche Heben der Stimme, das Überbetonen unwesentlicher Satzelemente («... und auf diese *Weise*»), das Heraushämmern, das Trommelfeuer von Silben («... und das *ist* verdammt noch mal...»), das Aufwerfen einer rein rhetorischen Frage («... und ... *sollte* ich es bereuen?»), die wohldurchdachte Mimik bei der Antwort auf die rein rhetorische Frage (Kopf nachdenklich zur Seite geneigt, Blick in mittlere Entfernung fixiert, dann: «Ich ... glaube ... *wohl* ... nicht») und die Wiederholung, zu rasch, um glaubhaft zu klingen: «... und für mich gibt es *nichts zu bereuen.*»

Nichts zu bereuen.

Für Treat Morrison gab es nichts zu bereuen.

Schon nach den ersten Begegnungen mit Treat Morrison kam ich zu der Überzeugung, daß er prinzipiell unaufrichtig war. Nicht unaufrichtig in dem Sinn, daß er «log» oder Ereignisse, die er beschrieb, bewußt falsch darstellte (das tat er nicht, das tat er nie, er berichtete mit geradezu peinlicher

Genauigkeit, was er für wahr hielt), sondern in einem radikaleren Sinne, unaufrichtig insofern, als er nicht imstande war, die Realität anzuerkennen. Anfangs sah ich diese Eigenschaft als Teil seines Naturells an, als eine Charakterschwäche, jedenfalls als etwas diesem Menschen Eigentümliches, als eine persönliche Macke, wenn Sie so wollen. Erst später wurde mir klar, daß das, was ich als etwas rein Persönliches angesehen hatte, den Kernpunkt dessen ausmachte, wer er war und woher er stammte.

Die folgenden Notizen können diesen Eindruck vielleicht stützen.

Es sind keine Interviewnotizen, keine Skizzen, sondern Rohentwürfe, Notizen, in denen Wörter und sogar Satzteile fehlen, versehen mit persönlichen Markierungen, «*NR*» für Nachrecherchieren und «*AF*» für Ausformulieren, was bedeutete, daß ich ein Detail, ein Stichwort noch nicht «hatte», aber damit rechnete, es beschaffen zu können, Notizen, formuliert, um etwas zu Papier zu bringen, das vielleicht eine Spur ergeben würde:

Treat Austin Morrison wurde 1930 in San Francisco geboren, zu einer Zeit also, als diese Stadt noch immer abgelegen, isoliert war, räumlich getrennt vom Rest der Vereinigten Staaten durch die Gebirgsketten, die den Zugang versperrten, wenn die schweren Schneefälle einsetzten, gefühlsmäßig getrennt durch die gnadenlose Präsenz des Pazifiks, durch ??AF und durch ??AF und durch den Nebel, der jeden Nachmittag um vier oder fünf von den Farralons hereinwehte. Sein Vater hatte ein kleines, aber einträgliches städtisches Amt als Jury Commissioner im kommunalen Gericht

Hier bricht diese Notiz, die auf eine mögliche Spur hinführt, abrupt ab. Hinter den getippten Worten stehen mit Bleistift gekritzelt ein Komma und dann der Rest des Satzes:

ein Amt, das er den gutsituierten Verwandten seiner Frau aus den irischen Quartieren (?? NR «Quartiere») südlich der Market Street verdankte.

Weitere Fehlstarts:

Treat Austin Morrison, Sohn einer Lehrerin an einer kirchlichen Privatschule und eines kleinen städtischen Beamten, nahm sein Studium an der University of California in Berkeley zu einer Zeit auf, als dort noch kostenlose Collegekurse für all jene angeboten wurden, die einen qualifizierten Abschluß an einer kalifornischen High-School nachweisen und die $27,50 (??NR) Anmeldegebühr sowie das Nötigste zum Leben zusammenkratzen konnten. Der Mann, der später einmal Amerikas Frontmann an den brenzligsten Einsatzorten der Welt werden würde, Sonderbotschafter mit einem höchst geheimen Portefeuille, verdiente sich einen Teil seines Studiums als Parkwächter beim elitären Hotel Claremont in Oakland und den Rest durch

Treat Austin Morrison mag samstags nachmittags der Held auf dem Spielfeld (XXX BESSERER EINSTIEG AF) gewesen sein, der Quarterback des universitätseigenen Footballteams (??NR), aber samstags abends stand er regelmäßig wieder in der Küche der Phi-Gamma-Delta-Hauses, einer exklusiven Studentenverbindung, wo er im Austausch für Kost und Logis

Fleisch hackte, Geschirr spülte und die wohlhabenden Partygänger bediente, die sich seine Verbindungsbrüder nannten und von denen er sich die Lehrbücher auslieh, die er sich finanziell nicht leisten konnte.

Die in diesen Jahren erworbene Disziplin kam ihm zustatten, als er

T. A. M. wuchs als einziges Kind

T. A. M., der einzige Sohn und während eines Großteils seiner Entwicklungsjahre das einzige noch lebende Kind eines

T. A. M., der einzige Sohn und nach dem Selbstmord seiner Schwester das einzige noch lebende Kind

Ich habe viele Seiten von diesen Rohentwürfen, einen ganzen Stapel, die meisten davon in (für mich) untypischer Weise konzentriert auf frühe Verluste und kindlichen Selbstbehauptungswillen der Person, die ich zu porträtieren gedachte (untypisch für mich insofern, als ich aufgrund persönlicher Erfahrungen nicht der Ansicht bin, daß das Kind der Vater des Mannes ist), allesamt abgebrochen. Mittlerweile ist mir klar, daß diesen Fehlstarts eines gemeinsam ist – daß ich nämlich versuchte, etwas an dieser Person zu erfassen, das mir ständig wieder entglitt: Ich hatte es mit einem Mann zu tun, der zu der Zeit, als ich ihn interviewte, im Zentrum des amerikanischen Politestablishments lebte und arbeitete. Ich hatte es mit einem Mann zu tun, der nur zum Telefon greifen mußte, um den Dow-Jones-Index zu beeinflussen oder den Außenminister eines jeden Natomitgliedsstaates zu erreichen, ja sogar das Oval Office. Ich hatte es mit einem Mann zu tun, der generell als Macher angesehen wurde, als Aufmischer, Alleskönner, als ein Mann, der bei Verhandlungen, Geschäftsbesprechungen, bei Berechnungen, Justierungen und Regelungen regelrecht aufzublühen schien, der also genau das hatte, was einen erfolgreichen gesellschaftlichen Strategen ausmacht. Und doch blieb er für mich die ganze Zeit über jemand, der vor allem anderen eine extreme, hartnäckige Einsamkeit ausstrahlte, eine Selbstblockade, die so unüberwindbar war, daß sie für mein Empfinden nach einer Analyse verlangte, nach einer Erklärung.

Treat Morrison selbst schien keinerlei Interesse daran zu haben, sich mit dem zu befassen, was ich zu meinem Befremden damals meinte, «seine Entwicklungsjahre» nennen zu müssen.

Ich erfuhr von ihm nichts über frühe Verluste und kindlichen Selbstbehauptungswillen, ja bekam nicht einmal den kleinsten Hinweis darauf, daß die klassischen Akteure im Familiendrama (oder in dem Vokabular, zu dem ich mich damals offenbar habe hinreißen lassen: der Entwicklungsdynamik) in seinem Falle mehr gewesen wären als flüchtige Bekannte.

«Soviel ich weiß, wurde sie als eine ausgezeichnete Lehrerin betrachtet», sagte er über seine Mutter. «Hochgeachtet, hochgeschätzt von den Nonnen, die die Schule führten.» Er unterbrach sich, wie um abzuwägen, ob dies auch eine faire Beurteilung war. «Natürlich war sie katholisch», sagte er dann.

Da dieser Nachsatz die genaueste, die am wenigsten unpersönliche Information war, die er mir bislang hatte zukommen lassen, beschloß ich, gleich nachzuhaken. «Dann wurden Sie also katholisch erzogen», begann ich vorsichtig, in Erwartung nicht unbedingt einer Enthüllung, aber doch einer Bestätigung oder Berichtigung.

Aber es kam überhaupt nichts.

Treat Morrison saß nur da, die Fingerspitzen gegeneinander gedrückt, abwartend wie jemand, der sich in die Enge getrieben sieht.

«Oder nicht?» fragte ich.

Er sagte nichts.

«Katholisch erzogen», wiederholte ich.

Mit einer Ecke seines Notizbuches rückte er einen quadratischen Briefbeschwerer aus Kristall gerade.

«Nicht daß ich prinzipielle Einwände gegen die wesentlichen Gebote gehabt hätte» sagte er dann, «aber das Thema Religion als solches hat mich nie besonders interessiert.»

«Er war bei Gericht sehr beliebt», sagte er über seinen Vater. «Soviel ich weiß.»

«Es war etwas, das eben passiert ist», sagte er über den Tod seiner damals neunzehnjährigen Schwester. «Ich war zwölf, dreizehn, als es passiert ist, sieben Jahre jünger, in dem Alter können sieben Jahre ein ganzes Leben sein, strenggenommen war Mary Katherine jemand, den ich kaum kannte.»

«Nach allem, was darüber bekannt ist, war es ein Unfall», sagte er auf meinen Versuch hin, das Thema zu vertiefen. «Sie beobachtete die Robben, und die Brandung wurde heftiger und riß sie mit. Mary Katherine hatte massive Probleme mit ihrer physischen Koordination, sie landete ständig auf der Unfallstation, wenn sie sich nicht gerade den Knöchel brach, ließ sie sich ein Fahrrad aufs Bein fallen oder mit einem Medizinball k. o. werfen, es war immer irgendwas.»

«Ich denke, daß ich einfach nicht einsehen konnte, was es bringen sollte, mich noch weiter damit zu beschäftigen», sagte er, als ich andeutete, daß nur wenige Menschen, die zufällig von der Brandung mitgerissen werden, während sie

Robben beobachten, vorher Abschiedsbriefe verschicken – wenngleich nicht an Vater, Mutter oder Bruder, so doch an drei ihrer früheren High-School-Lehrer und an den Exfreund, der kurz zuvor nach Fort Lewis gegangen war, um dort den Offizierslehrgang zu absolvieren. TEENAGER-TODESOPFER AN DER HEIMATFRONT, lautete die Schlagzeile im *San Francisco Chronicle* an dem Morgen, als die ersten Briefe auftauchten. Es war alles auf Mikrofiche dokumentiert. HIGH-SCHOOL-ABSCHLUSS – DANN DER LETZTE LIEBESBRIEF. «Wieder einmal typisch für die verdammten Medien», sagte Treat Morrison dazu. «Die verdammten Medien haben sich auch da in Dinge eingemischt, von denen sie nicht die leiseste Ahnung hatten.»

«Und die wären?» Mit diesen Worten habe ich meiner Erinnerung nach den Ball lässig zurückzuspielen versucht. «Von welchen Dingen hatten sie nicht die leiseste Ahnung?»

Treat Morrison schwieg einen Moment. «Viele Menschen verschaffen sich einen riesigen mystischen Kick, indem sie auf irgendwas herumkauen, was vor vierzig, fünfundvierzig Jahren passiert ist», sagte er dann. «Auf traurigen kleinen Geschichten darüber, daß ihre eigene Mutter sie nicht verstanden hat oder daß sie in der Schule ausgelacht wurden oder sonst was. Ich will damit nicht sagen, daß das falsch wäre oder eine Art Selbstmitleid oder Selbstbeweihräucherung – damit Sie mich jetzt nicht mißverstehen. Ich will damit nur sagen, daß ich mir das nicht leisten kann. Und deswegen laß ich mich auch nicht darauf ein.»

In meinen Notizen und den auf Band aufgezeichneten Interviews finden sich nur zwei Stellen, in denen Treat Morrison freiwillig etwas über seine Vergangenheit preisgibt, das man als «persönlich» bezeichnen könnte. Die erste derartige Stelle findet sich, fast vergraben, mitten in einer auf Band aufgezeichneten Diskussion darüber, was eine zweistaatliche Lösung für Israel bedeuten könnte. Nach drei Vierteln eines sechzigminütigen Bandes, genauer gesagt nach 44.19 Minuten, verfällt Treat Morrison in Schweigen. Als er den Gesprächsfaden wiederaufnimmt, geht es nicht mehr um eine zweistaatliche versus einstaatliche Lösung für Israel, sondern um Fotos, die er einmal für seine Mutter hatte rahmen lassen. Offenbar hatte seine Mutter sich die Hüfte gebrochen und sich gezwungen gesehen, aus ihrem Haus im Mission District nach Woodside in ein Pflegeheim zu ziehen. Offenbar hatte er auf dem Weg zu einem Meeting in Saigon einen Zwischenstopp eingelegt, um sie zu besuchen. Offenbar war sie immer wieder auf diese Fotos zu sprechen gekommen, ein paar Schnappschüsse von ihm und seiner Schwester am Russian River, ihrem üblichen Badeplatz. «Sie hatte die Bilder an einen Spiegel gesteckt, und jetzt wollte sie sie in ihrer neuen Umgebung haben. Ich kam auf den Gedanken, sie rahmen zu lassen – Sie kennen doch diese Rahmen, in die vier oder fünf kleine Bilder passen. So weit, so gut. Aber als ich ins Geschäft gehe, um meine Bestellung abzuholen, bekomme ich ein Päckchen mit der Aufschrift *Spielende Kinder am Bach*.»

47.17. Eine Pause auf dem Band.

«Das war mir eine Lektion», sagt er dann.

Ich konnte mir sofort denken, was für eine Lektion das gewesen war.

Ich hatte lange genug dieses Feld beackert, um die induktiven Sprünge machen zu können, die Treat Morrisons recht kryptisches Stakkato verlangte.

Die Lektion mußte die gewesen sein, daß niemand anders unser Leben je so betrachtet wie wir selbst: Jemand anders hatte die Fotos angesehen, hatte die beiden Kinder angesehen, aber es nicht vermocht, die darin liegende Musik zu hören, nicht vermocht, zu begreifen oder auch nur begreifen zu wollen, daß ihm oder ihr die dazugehörige emotionale Partitur fehlte. So wie jemand anders vielleicht das Foto angesehen hätte, das Elena McMahon aus dem Schlafzimmer ihrer Mutter mitnahm, und ihren Vater mit der Bierflasche in der Hand und ihre Mutter in der mit Mistgabeln bedruckten Schürze («*Mann und Frau beim Grillen*») gesehen hätte, aber nicht die dicken kleinen zischenden Raketen oder die Wunderkerzen, die Glühwürmchen in die heiße Wüstendämmerung malten, nicht *Eine halbe Margarita, und schon heb ich ab* gehört hätte oder *Wer braucht schon die Schieber, wir lassen hier unsere eigene Show laufen.*

Das war für mich vertrautes Terrain.

Doch den Konventionen eines Interviews gemäß hatte ich nun die naheliegende Frage zu stellen, um meinen Interviewpartner so zum Weiterreden zu ermuntern.

50.50. «Und worin bestand diese Lektion?» höre ich mich auf dem Band sagen.

«Erstens», sagt Treat Morrison auf dem Band, «war es kein ‹Bach›, wir hatten keine ‹Bäche› in Kalifornien, ‹Bäche› gibt es in England oder in Vermont, es war ein verdammter Fluß, der Russian River.»

Wieder eine Pause.

«Und zweitens waren wir nicht beim ‹Spielen›. Sie war elf, ich war vier, Herrgott noch mal, was sollten wir da ‹spielen›. Wir ließen uns fotografieren, nur aus dem Grund waren wir überhaupt zusammen.»

Und unmittelbar darauf: «Was Ihnen eine gewisse Vorstellung davon geben dürfte, wie unterschiedlich ein Israeli und ein Palästinenser denselben kleinen Vorfall oder dasselbe kleine Stück Land betrachten können.»

Das war der erste von Treat Morrisons zwei Exkursen ins Private.

Der zweite Exkurs findet sich ebenfalls auf Band und hat ebenfalls mit seiner Mutter zu tun. Offenbar hatte er seine Mutter nach Berkeley bringen lassen, so daß sie dabeisein konnte, als er irgendeine Auszeichnung entgegennahm. Was für eine Auszeichnung das gewesen war, wußte er offenbar selbst nicht mehr. Es ging auch nicht darum, was für eine Auszeichnung das gewesen war. Es ging darum, daß er im Hotel Claremont eine Reservierung hatte machen lassen, wohin er seine Mutter zum Dinner ausführen wollte, weil er sonst überhaupt keine Zeit mit ihr allein gehabt hätte.

«Reinster Zuckerbäckerstil, direkt unterhalb der Hügel», sagt er auf dem Band. «Das Komische war – wissen Sie eigentlich, daß ich dort in meiner Studentenzeit als Parkwächter gearbeitet habe?»

«Ich glaube schon.» Meine Stimme auf dem Band.

«Also schön.» Eine Pause, dann ein Wortschwall. «In meiner Erinnerung hatte der Laden etwas sehr – ich meine, etwas definitiv Glamouröses. Ich meine, damals war der Laden auf dieser Seite der Bucht so ziemlich das Nonplusultra an Niveau, an großer weiter Welt. Also lade ich meine Mutter dorthin ein. Und es sah immer noch genauso aus, dieselbe große Lobby, dieselben breiten Flure, nur daß es für mich jetzt so aussah wie ein, sagen wir, 1943 gestrandetes Kreuzfahrtschiff. Ich hatte den Laden seit fünfundzwanzig Jahren nicht mehr betreten. Ich meine, ich hab 1951 Examen gemacht, aber ich schwöre Ihnen, daß die immer noch denselben Pianisten in der Lobby haben. Der immer noch dieselben Songs spielt. ‹Where or When›. ‹Tenderly›. ‹It Might as Well Be Spring›. Ja, und an dem Abend, als ich meine Mutter dorthin ausführte, war es zufällig *wirklich* Frühling,

Frühjahr 75, um genau zu sein, April, Saigon machte gerade dicht, und während meine Mutter und ich zu Abend aßen, läuft da draußen vor dem Hotel ein Fackelzug, eine Demo, ein Ringelpiez, was auch immer, haufenweise Kids mit Fackeln in der Hand, und die rufen *Ho-Ho-Ho-Chi-Minh*. Und dazu irgendwas über mich persönlich, ehrlich gesagt weiß ich gar nicht mehr, was es war, aber darum geht es auch nicht. Und zur selben Zeit hämmert drinnen der Pianist ‹It Might as Well Be Spring›. Und ich sitze da und hoffe, meine Mutter bekommt nicht mit, daß diese Kids da draußen sind, weil ich hier drin bin. ‹Morgen vor dreiunddreißig Jahren ist Mary Katherine gestorben›, sagt meine Mutter. Ganz beiläufig, verstehen Sie, sie sieht nicht mal von der Speisekarte hoch. ‹Ich glaube, ich nehme das Prime Rib›, sagt sie dann. ‹Und was nimmst du?› Also, ich bestellte mir noch einen doppelten Bourbon, ach was, bringen Sie gleich zwei.»

Ho-Ho-Ho-Chi-Minh
Morrison, jetzt bist du hin

Diesen Slogan hatten sie in der Nacht vor dem Hotel Claremont skandiert.

Auch das fand ich auf Mikrofiche.

Das erste Mal, als Treat Morrison mit Elena allein war, erwähnte er Mary Katherines Tod.

«Warum hat sie es getan?» fragte Elena.

«Ich weiß keine Antwort auf eine solche Tragödie», sagte er.

«Worauf wissen Sie dann eine Antwort?» fragte Elena.

Treat Morrison sah sie einen Moment lang an. «Ich durchschaue Sie», sagte er dann.

«Ich durchschaue Sie auch», erwiderte sie.

Es war nur natürlich.

Natürlich durchschauten sie einander.

Natürlich erkannten sie einander, begriffen einander, verstanden einander, erfaßten einander mit einem Blick, mußten einander nah sein, sahen all das verblassen, was sie sahen, wenn sie einander nicht ansahen.

Sie hatten ein und dasselbe Wesen.

Sie waren gleichermaßen abgekehrt.

2 TRAUM steht in Großbuchstaben über der Notizbucheintragung.

Dieses Notizbuch, eigentlich ein Spiralblock von Clairefontaine, mit rotem Umschlag und hellgrauem Millimeterpapier, wurde von Elena Janklow in den letzten Monaten zwischen Ende 1981 und Anfang 1982 geführt, bevor sie das Haus am Pacific Coast Highway verließ und (zumindest eine Zeitlang, zumindest vorläufig) wieder zu Elena McMahon wurde.

«*Anscheinend bin ich operiert worden*», so beginnt Elena Janklows Bericht über den Traum. Alle Eintragungen, außer den letzten, sind mit demselben schwarzen Tintenkugelschreiber geschrieben. «*Unklar warum und jedenfalls erfolglos. Dann wurde ich wieder ‹zusammengenäht›, vielmehr zusammengestichelt, wie nach einer Autopsie. Es gibt eine Vereinbarung (ich habe eingewilligt), daß man es nicht mehr ordentlich macht, weil ich in ein paar Tagen sowieso sterben werde. Der Tag, an dem ich sterben soll, ist ein Sonntag, der Weihnachtstag. Wynn, Catherine und ich sind im Apartment von Wynns Vater in New York, wo mein Tod eintreten soll, per Gas. Ich mache mir Sorgen darüber, wie man das Gas aus dem Apartment rausbekommen will, aber anscheinend bin ich die einzige, die deswegen beunruhigt ist.*

Mir wird klar, daß ich für das Essen an Heiligabend einkaufen muß, und zwar etwas Besonderes, da dies ja der letzte Tag meines Lebens sein wird. Ich gehe zur 57th Street und dann über die Sixth Avenue, allein in einem fest zusammengeschnürten Hausmantel, alles ist voller Menschen und kalt. Meine Füße sind nur ganz provisorisch angenäht, und ich habe Angst, daß die Nähte (eher Heftstiche) aufgehen könnten, und auch, daß mein Gesicht nicht richtig sitzt (es war genauso wie bei einer Autopsie abgezogen und wieder angenäht worden), und ich werde immer trauriger.

Beim Einkaufen kommt mir der Gedanke, daß ich vielleicht doch weiterleben könnte: Warum muß ich eigentlich sterben? Ich erzähle Wynn davon. Er sagt, dann ruf doch den Arzt an, ruf Arnie Stine in Kalifornien an und sag ihm das. Frag Arnie, ob du wirklich morgen sterben mußt. Ich rufe Arnie Stine in Kalifornien an, und er sagt nein, wenn ich nicht will, dann muß ich morgen wirklich nicht sterben. Er kann es auch ‹zu einem späteren Zeitpunkt arrangieren›, wenn ich will. Ich kaufe weiter Lebensmittel ein, jetzt nicht mehr nur für Heiligabend, sondern auch für das Weihnachtsmenü. Ich kaufe einen Kapaun als Weihnachtsbraten. Ich bin euphorisch, erleichtert, mache mir aber weiter Sorgen darüber, daß ich vielleicht nicht mehr richtig zusammengenäht werden kann. Arnie Stine sagt, das ließe sich alles machen, aber ich habe Angst, daß ich mich auflösen könnte, während ich auf meinen schlenkrigen Füßen weiter einkaufe.

Ich gebe mir Mühe, gut aufzupassen, und dann werde ich wach.»

Catherine fand den Spiralblock ganz zufällig in dem Sommer, als Wynn sie vom Internat abholte und zuerst in die Hollywood-Suite des Regency mitnahm und dann zum Haus am Pacific Coast Highway. Sie hatte die Schublade vom Tisch in der Speisekammer durchstöbert, auf der Suche nach Speisekarten von Pizza- und sonstigen Bringdiensten, als sie das Notizheft fand, auf das ihre Mutter mit Filzstift SPEISEN UND GETRÄNKE geschrieben hatte. Aber in diesem Heft fanden sich keine Speisekarten von Bringdiensten, sondern Menüideen, ein Dutzend oder mehr, für Lunch- und Dinnereinladungen, Rezepte mit Mengenangaben («*Gartengesellschaft: Navarin – 3 Pfd. Lammrücken reicht für 8 Personen*»), bunt verstreut unter allen möglichen anderen Eintragungen.

Das eigentlich Besondere waren die anderen Eintragungen. Es handelte sich nicht um die Art von Notizen, die eine professionelle Schriftstellerin oder Journalistin machen würde, aber es handelte sich auch nicht um gewöhnliche «Tagebuch»-Einträge, also die Bekenntnisse, die Gedanken, die man für sich ganz persönlich niederschreibt. Das Besondere an diesen Einträgen war die Tatsache, daß sie Elemente beider Formen von Tagebuchführung widerspiegelten, die persönliche wie die professionelle Wahrnehmung, ohne eine offensichtliche Unterscheidung zwischen beiden Formen. Das Heft enthielt Versatzstücke von vermutlich irgendwo aufgeschnappten Unterhaltungen, aber auch Listen von Rosen und anderen Gartenpflanzen. Es enthielt Zitate aus und Kommentare zu Nachrichtenstorys, aber auch in Fragmenten erinnerte Gedichte. Es enthielt Passagen von offenbar flüchtigen Gedanken, manche zufällig, andere weniger zufällig. Und es enthielt natürlich die Träume.

«*Ich fühle mich immer ein bißchen benommen, wenn ich mit dem Rauchen aufhöre, vielleicht weil ich zuviel Sauerstoff einatme.*»

«*Was er am ehesten in die Finger kriegt, ist das Geld anderer Leute.*»

Was ich alles sehen kann, ohne rauszugehen: Cecile-Brunner-Kletterrosen, Henri-Martin-Rosen, Paulii-Rosen, Chicago-Peace-Rosen, Scarlet-Fire-Rosen, blaue und weiße Amaryllen, Skabiosen, Meyer-Limonen, Sternenjasmin, Santolina, Schmetterlingsstrauch, Schafgarbe, blauer Lavendel, Rittersporn, Prachtkerze, Minze, Thymian, Zitronengras, Lorbeer, Estragon, Basilikum, Frauenminze, Artischocken. Das alles kann ich mit geschlossenen Augen sehen. Und auch das: die großen gelben und weißen Mohnblumen im Beet an der Südmauer.

«Schon möglich, daß du im Savoy abgestiegen bist, aber ich nehm dir nicht ab, daß du im Savoy gewohnt und sechzehntausend Pfund bei Anabell's verloren hast.»

Am Superbowl-Sonntag habe ich schon in den teuersten Restaurants von Detroit, Atlanta, San Diego und Tampa Bay gegessen.

Interview am LAX mit jemandem, der nach dreizehn Jahren im Untergrund eben erst wieder aufgetaucht ist: «Ich habe mich nie als Flüchtling definiert. Ich habe mich immer als Mensch definiert. Jeder Mensch muß mit bestimmten Dingen klarkommen. Weil ich als Weatherman im Untergrund war, mußte ich damit klarkommen, ein Flüchtling zu sein, aber ich habe mich nie so definiert.» Und das heißt??? Wenn man tatsächlich ein Flüchtling ist, was ändert es dann an der Situation, daß man sich selbst als «Mensch» definiert?

*Ich floh Ihn durch die Nächte und die Tage
Ich floh Ihn durch die Tunnel meiner Jahre*

Der schrecklichste Vers, den ich kenne: zum Glück, ja zum Glück ist das Leben nur ein Traum.

TRAUM, so beginnen dennoch die beiden nächsten Einträge.

Ich komme zum Haus meiner Mutter in Laguna, weinend. Wards Tochter Belinda ist auch da. Catherine ist gekidnappt worden, erzähle ich meiner Mutter. «Ich dachte, sie wäre gekommen, um dir zu erzählen, daß sie Weihnachten bei Chasen's ißt», sagt Belinda.

Eine Party in einem Haus, das anscheinend dieses ist. Wynn, Catherine und ich wohnen hier, aber auch meine Mutter und mein Vater. Die Party ist in vollem Gang, und ich gehe raus zum Strand, um ein bißchen für mich zu sein. Als ich zurückkomme, wartet mein Vater unten an der Treppe. Catherine ist entweder betrunken oder mit Drogen vollgepumpt, sagt er. Er kann hören, wie sie sich oben im Bad übergibt, will sich aber nicht aufdrängen. Ich renne hoch und merke, daß das obere Stockwerk frisch gestrichen ist. Das beunruhigt mich ein bißchen: Wieviel Zeit ist eigentlich vergangen?

Die letzte Eintragung in diesem Notizbuch ist kein Traum, sondern besteht aus einer Reihe von Notizen, sechs an der Zahl, jede mit einem anderen Stift und auf einer neuen Seite, aber alle stellen offenbar eine Reaktion auf das neue strikte Tagesprogramm dar, das Catherine in ihrem Achtkläßleraufsatz als «Lokalbestrahlung nach brusterhaltender Reseksion [*sic*] eines Krebsgeschwürs im Stadium 1 mit guter Prognose» beschrieben hatte:

Der Linearbeschleuniger, das Mevatron, das Bevatron.
«Fragen Sie einfach nach R. O., das ist im Tunnel.»

«Eine Woche, bevor Sie die Behandlung abschließen, gibt es noch eine Runde Mevatron, damit Sie Ihre Elektronen kriegen. Jetzt werden Sie erst mal mit Photonen versorgt.»
Photonen? Oder «Protonen»???

Warten auf den Strahl, wenn der Techniker gegangen ist und das Laserlicht die richtige Stelle gefunden hat. Wahrnehmung der Vibration, wenn der Strahl kommt. Das verblüffenderweise lautlose Bombardement, das vollkommen neu geordnete elektromagnetische Feld.

«Sie fühlen überhaupt nichts», hat Arnie Stine gesagt.
«Der Strahl fühlt sich nach überhaupt nichts an.»
«Mal ganz unter uns – niemand, der nicht selbst auf diesem Tisch gelegen hat, kann sich vorstellen, wie der Strahl sich anfühlt», hat der Techniker gesagt.

Der Strahl ist mein Alpha und mein Omega

Heute morgen Behandlung abgeschlossen
Wie ich mich fühle: ausgeschlossen, verbannt, weggerissen vom Strahl
Alkeste, zurück aus dem Tunnel und halb verliebt in den Tod

3 Natürlich wüßten wir auch ohne diese letzten sechs Einträge, wovon Elenas Träume handelten.

Elenas Träume handelten vom Sterben.

Elenas Träume handelten vom Altwerden.

Niemand hier hat solche Träume nicht auch schon gehabt (oder wird sie nicht auch einmal haben).

Wir wissen das alle.

Die Sache ist nur, daß Elena es nicht wußte.

Die Sache ist nur, daß Elena am weitesten von sich selbst abgekehrt blieb, eine Geheimagentin, die ihre eigene Operation so erfolgreich aufgestückelt hatte, daß sie sogar den Zugang zu ihren eigenen Informationsbedürfnissen verlor.

Der letzte Eintrag in diesem Notizbuch datiert vom *27. April 1982*.

Es sollte nicht einmal mehr vier Monate dauern, bis Elena McMahon Wynn Janklow verließ, im August 1982.

Bis sie sich an der Ostküste niederließ, wie sie es formulierte.

Und dann sollte es noch etwa drei Monate dauern, bis sie zum ersten Mal wieder nach Kalifornien kam, Ende November 1982.

Sie hatte die Frühmaschine aus Washington genommen, um einen tschechischen Dissidenten zu interviewen, der an der UCLA lehrte und Gerüchten zufolge auf der Vorschlagsliste für den Literaturnobelpreis stand. Sie hatte vorgehabt, das Interview zu machen und direkt danach zum

Flughafen zu fahren und den Mietwagen abzugeben und die nächste Maschine zurück zu nehmen, aber dann war sie von der UCLA aus nicht zum Flughafen gefahren, sondern auf den Pacific Coast Highway. Genauso, wie sie 1984 nicht bewußt die Entscheidung treffen würde, aus dem Wahlkampf auszusteigen, nicht bewußt die Entscheidung treffen würde, einen Flug nach Miami statt nach Washington zu nehmen, hatte sie auch diese Entscheidung nicht bewußt getroffen. Sie war sich noch nicht einmal im klaren darüber, daß die Entscheidung getroffen war, bis sie mitbekam, daß sie den Mietwagen auf dem Parkplatz vor dem Einkaufszentrum abstellte, in dem sie früher immer eingekauft hatte. Sie hatte den Drugstore betreten, dem Apotheker guten Tag gesagt und ein paar Surfmagazine für Catherine und eine Dose Aloegel für sich gekauft, eine Sorte, die sie in Washington nicht auftreiben konnte. Der Apotheker fragte, ob sie fortgewesen sei, er habe sie schon eine Weile nicht gesehen. Sie sagte, ja, sie sei fortgewesen. Dasselbe sagte sie zu der Kassiererin im Supermarkt, wo sie Maistortillas und Serranochili kaufte, auch etwas, das sie in Washington nicht auftreiben konnte.

Ja, sie sei fortgewesen.

Ganz recht, es sei immer schön, zurückzukommen.

Ja, bei diesem Wetter könnten sie alle von Glück sagen, daß Thanksgiving vorbei war, ohne daß es irgendwo gebrannt hatte.

Nein, sie sei noch nicht in der Verfassung, sich mit Weihnachten zu beschäftigen.

Dann hatte sie in dem Mietwagen auf dem Parkplatz gesessen, der um vier Uhr nachmittags praktisch menschenleer war. Vier Uhr nachmittags war nicht die Tageszeit, zu der die Frauen, die hier wohnten, einkaufen gingen. Die Frauen, die hier wohnten, gingen morgens einkaufen, vor dem Tennis. Hätte sie noch hier gewohnt, dann hätte sie nicht um vier Uhr nachmittags in einem Mietwagen auf dem Parkplatz gesessen. Einer der Jungen, die nach der Schule im Supermarkt arbeiteten, spannte Weihnachtslichterketten über die Tafel, die die aktuellen Sonderangebote anzeigte. Ein anderer schob Einkaufswagen zusammen und drückte dann die ganzen langen Ketten mit einem einzigen ausgestreckten Finger in den Ständer. Als das letzte Licht der Abendsonne hinter Point Dume verschwand, hingen alle Einkaufswagen an ihren Ständern, und die Weihnachtslichterketten blinkten rot und grün, und sie hatte zu weinen aufgehört.

«Und worum ging es?» fragte Treat Morrison, als sie ihm davon erzählte.

«Es ging darum, daß ich dort nicht mehr hingehörte», sagte sie.

«Wo hast du denn je hingehört», sagte Treat Morrison.

Lassen Sie mich etwas klarstellen.

Als ich sagte, daß Elena McMahon und Treat Morrison gleichermaßen abgekehrt waren, da habe ich etwas verkürzt, einen Sprung zu der zentralen Persönlichkeitsverwerfung gemacht, und dabei übersehen, auf welch unterschiedliche Art die beiden gelernt hatten, mit dieser Verwerfung umzugehen.

Elenas Leistung, die verschiedenen ihr angetragenen Rollen so perfekt auszufüllen, daß sie schon etwas Unnahbares hatte, konnte (wie mir jetzt klar wird) nur mit beträchtlicher Mühe und zu beträchtlichen Kosten erbracht werden. All die neu zugelegten Identitäten, all die schnellen Ausstiege und klaren Schnitte hatten sie etwas gekostet. Es hatte sie etwas gekostet, einen Vater zu haben, der kam und ging und Geschäfte machte, und nie zu merken, womit er eigentlich Geschäfte machte. *Beruf des Vaters: Investor.* Es hatte sie etwas gekostet, am Berufsfindungsprojekttag in Westlake mit Melissa Simon zu sprechen, wo doch ihre ganze Aufmerksamkeit auf den Strahl gerichtet war. *Sie fühlen überhaupt nichts*, sagte Arnie Stine. *Der Strahl fühlt sich nach überhaupt nichts an. Mal ganz unter uns – niemand, der nicht selbst auf diesem Tisch gelegen hat, kann sich vorstellen, wie der Strahl sich anfühlt*, sagte der Techniker. Es hatte sie etwas gekostet, sich an den 4. Juli zu erinnern, als der Freund ihres Vaters Feuerwerkskörper aus dem Ausland mitgebracht hatte, und dieses Bild auf die dicken kleinen zischenden Raketen zu verengen und auf die Wunderkerzen, die Glühwürmchen in die heiße Wüstendämmerung malten.

Und das, was sie hörte, auf *Eine halbe Margarita, und schon heb ich ab* zu reduzieren, auf *Wer braucht schon die Schieber, wir lassen hier unsere eigene Show laufen*.

Und den Namen des Freundes ihres Vaters direkt hinter dem äußeren Rand ihrer Erinnerung zu belassen.

Natürlich hieß der Freund ihres Vaters Max Epperson.

Wie Sie sich bereits denken konnten.

Treat Morrison hätte es nicht nötig gehabt, dieses Detail zu vergessen.

Treat Morrison hatte eine ganze Karriere darauf aufgebaut, daß er sich an Details erinnerte, die sich vielleicht einmal als Joker entpuppen konnten, daß er sie einsetzte, ausspielte, den richtigen Moment erfaßte, um dabei das Höchstmaß herauszuschlagen. Anders als Elena hatte er seine Rolle ganz und gar zu beherrschen gelernt, verinnerlicht, hatte seine Auftritte perfektioniert, bis sie auch nicht mehr das geringste Anzeichen für sein eigentlich totales Desinteresse verrieten. Er konnte reden, und er konnte zuhören. Weil er die Hilfe von Dolmetschern ablehnte, wurde er von vielen Menschen für ein Fremdsprachentalent gehalten, doch tatsächlich bewältigte er seine Kommunikation mit nichts weiter als einer Art von improvisiertem Pidgin und höchst aufmerksamem Zuhören. Er konnte in mehreren Sprachen aufmerksam zuhören, einschließlich seiner eigenen. Treat Morrison konnte bei einer Debatte auf Tagalog über die Handelsbeziehungen zwischen den Vereinigten Staaten und Asien aufmerksam zuhören, und Treat Morrison konnte mit genau derselben feingewichteten Aufmerksamkeit einem Barkeeper in Houston zuhören, der ihm erzählte, wie er sich genau zu dem Zeitpunkt, als der Ölboom abbrach, aufs Bargewerbe als ein Entree in den privaten Dienstleistungssektor verlegt hatte. Einmal saß ich im Washington National / La Guardia Shuttle am Gang gegenüber von Treat Morrison und sah ihn den ganzen Flug damit verbringen, daß er aufmerksam lauschte, mit welchen Kniffen sein Sitznachbar das ständige Pendeln zwischen seinem Zuhause in New Jersey und seinem Büro in Santa Ana bewerkstelligte.

«Sie können Delta über Salt Lake nehmen», hörte ich Treat Morrison soufflieren, als die Unterhaltung sich einem toten Punkt zu nähern schien.

«Da nehme ich lieber American über Dallas», sagte sein Sitznachbar, offenbar beruhigt über das nachhaltige Interesse an diesem ihm so wichtigen Thema.

«American ab Newark.»

«Ab Newark, genau, nur daß Newark diese kurzen Startbahnen hat, also wenn das Wetter umkippt, dann können Sie Newark streichen.»

Während der Fahrt vom La Guardia in die Stadt hatte ich Treat Morrison gefragt, wie es kam, daß er die Verbindung mit Delta über Salt Lake aus dem Ärmel schütteln konnte.

«Er hatte mir schon davon erzählt», sagte Treat Morrison. «Direkt vor dem Start in Washington. Er war die Route letzte Woche geflogen und über der Wasatch Range ganz ordentlich durchgeschüttelt worden. Ich höre zu. Das ist mein Job. Zuhören. Das ist der Unterschied zwischen mir und den Harvard-Typen. Die Harvard-Typen hören nicht zu.»

Ich hatte ihn schon früher über «die Harvard-Typen» reden hören, genau wie über «die Typen mit der feinen englischen Art» und «die Typen, die tierisch aufschlagen können, aber sonst nicht viel bringen». Dies war ein Zug an Treat Morrison, der nur zum Vorschein kam, wenn Erschöpfung oder ein, zwei Drinks ihn aus der Deckung holten, und der das einzig sichtbare Anzeichen dafür blieb, wieviel er sich abverlangt haben mußte, um es als jemand aus dem Westen mit der etablierten Welt aufnehmen zu können.

Das war ein weiterer Bereich, mit dem er sich nicht näher befassen wollte.

«Ach, was soll's, soviel ich weiß, ist dies immer noch eine Nation», lautete sein Kommentar, als ich an dem Punkt nachzuhaken versuchte. «Es sei denn, ihr Medienleute hättet neue, anderslautende Informationen.»

Daraufhin betrachtete er mich volle dreißig Sekunden lang in trotzigem Schweigen, bis er sich wohl zu erinnern schien, daß trotziges Schweigen nicht gerade zu seinen produktivsten Strategien gehörte.

«Wissen Sie was», sagte er dann. «Im Außenministerium landen eigentlich nur zwei verschiedene Sorten von Leuten. Und glauben Sie mir, ich rede *mitnichten* davon, woher jemand stammt, ich rede davon, welche Sorte Mensch er ist.»

Er zögerte.

Ein kurzer Blick, um meine Reaktion abzuschätzen, dann die Korrektur: «Und natürlich meine ich damit, welche Sorte Mensch *er oder sie* ist. Mann, Frau, Außerirdischer, was auch immer. Ich hab wirklich keine Lust, in der verdammten *New York Times* irgendwelchen PC-Scheiß über mich zu lesen. Also schön. Außenministerium. Da landen zwei verschiedene Sorten von Menschen. Zum einen die Sorte von Menschen, die von Posten zu Posten wandern und nie einen Fehler mit den Tischkarten machen und Erinnerungskarten immer rechtzeitig losschicken. Und dann gibt es die andere Sorte. Ich gehöre zu der anderen Sorte.»

Ich fragte ihn, welche Sorte das sei.

«Krisenjunkies», sagte er. «Ich bin wegen dem Rabatz dabei, ob Sie's glauben oder nicht.»

Das war Treat Morrison, wenn er seine Rolle ablegte. Solange er sie spielte, gab er eine perfekte Vorstellung ab, sprach genauso aufmerksam, wie er zuhörte, äußerte Ansichten, bot Ratschläge an, gab sogar erstaunlich freizügige Analysen seines Modus operandi zum besten. «Wenn man in eine bestimmte Art von Situation einsteigt, dann muß man eines beachten», sagte er, als ich mich einmal über seine Fähigkeit äußerte, von einem Endspiel zum nächsten weiterzuziehen, ohne mit diesem oder jenem unerfreulichen Ausgang identifiziert zu werden. «Man kann nicht bis ganz zum Schluß dabeibleiben. Man muß irgendwann zurückkehren und den Bericht oder was auch immer schreiben, die Anweisungen rausgeben und dann weiterziehen. Man steigt ein, holt denen die Kastanien aus dem Feuer, dann kriegt man eine Auszeit, ein halbes Jahr, ein Jahr, in dem man jedem den Marsch blasen kann, der bei irgendeinem Detail nicht auf Zack ist, nur weil er statt dessen mit irgendeinem anderen Scheiß rummacht. Und danach zieht man weiter. Wissen Sie, welches die Opfer in Vietnam waren, über die nicht berichtet wurde? Die Journalisten und politische Berater, die nicht weitergezogen sind.»

Dies war ein weiterer Unterschied zwischen Treat Morrison und Elena.

Elena stieg in eine bestimmte Art von Situation ein und blieb bis zum Ende dabei.

Elena schaffte es nicht, weiterzuziehen.

Das war der Grund dafür, daß Elena zu dem Zeitpunkt, als Treat Morrison am Schauplatz erschien, bereits von der Strömung erwischt und reingerissen, mitgerissen worden war.

In das Spiel.

In das Komplott.

Wie auch immer Sie es nennen wollen.

VIER

1 Eine der vielen Fragen, die mehrere Arbeitsgruppen des Kongreß-Untersuchungsausschusses und Analystenteams der Rand Corporation letztendlich nicht zu klären vermochten, war die, warum Elena McMahon zu dem Zeitpunkt, als Treat Morrison auf der Insel ankam, also fast sechs Wochen nachdem sie durch den *Miami Herald* erfahren hatte, daß ihr Vater tot war, und mehr als einen Monat, nachdem sie vom FBI erfahren hatte, daß der Paß, den sie benutzte, einen eingebauten Zeitzünder hatte – warum Elena McMahon zu diesem Zeitpunkt also immer noch dort war.

Sie hätte ja abreisen können.

Hätte einfach zum Flughafen fahren und in eine Maschine steigen können (es gab immer noch reguläre Flüge, nicht mehr so viele wie früher, aber der Flughafen war nach wie vor offen). Sie hätte wegkommen können.

Seit der ersten FBI-Befragung hatte sie gewußt, daß der Paß mit dem eingebauten Zeitzünder zur Wiedereinreise in die Vereinigten Staaten nicht gültig war, und das allein hätte eigentlich Grund genug sein müssen, die Insel zu verlassen, woanders hinzugehen, irgendwo anders hin.

Sie hatte einiges an Bargeld, es gab genügend Orte, wo sie hätte hingehen können.

Sie müssen nur einmal im Atlas nachsehen: zahllose andere Inseln in den zartblauen Untiefen der Karibik, Inseln mit lockeren Strukturen und lockeren Paßkontrollen und ohne festgelegte Rolle bei dem, was sich in der Region so tat.

Inseln, auf denen nichts im Gang war, weder offen noch verdeckt, Inseln, bei denen das US-Außenministerium noch keinen Anlaß gesehen hatte, wiederholte Reisehinweise zu geben, Inseln, auf denen die ansässigen US-Regierungsbeamten es noch nicht für nötig erachtet hatten, ihre Angehörigen und nicht unbedingt benötigten Mitarbeiter auf Heimaturlaub zu schicken.

Inseln, auf denen der ranghöchste amerikanische Diplomat nicht als Attentatsziel galt.

Ganze Archipele von neutralen Häfen, wo eine Amerikanerin mit gewissem Auftreten einfach hätte aus dem Flugzeug steigen, in einem einladenden Ferienhotel (ein einladendes Ferienhotel ließe sich in diesem Zusammenhang als eines definieren, bei dem es keine Special Forces in der Lobby gab und keine gepanzerten neutralen Transporter vor dem Haupteingang) einchecken, einen eisgekühlten Drink bestellen und eine altbekannte Nummer in Century City oder Miami anrufen können, um Wynn Janklow und sein Faktotum die Logistik der Wiedereinreise in ihr früheres Leben ausarbeiten zu lassen.

Vergessen wir nicht: Dies war eine Frau, bei der nichts darauf hinwies, daß es ihr je an den Mitteln gemangelt hätte, einfach in ein Flugzeug zu steigen und abzureisen.

Warum also hatte sie es nicht getan.

Die Rand-Analysten – meines Erachtens deshalb, weil sie mit der Möglichkeit rechneten, auf eine Antwort zu stoßen, die wohl am besten im Bereich des Hypothetischen verblieb – erlaubten sich, diese Frage offenzulassen, als einen von mehreren «Bereichen, deren restlose Aufklärung zukünftiger Forschung über diese Zeitspanne überlassen werden muß». Die Mitglieder des Kongreß-Untersuchungsausschusses beantworteten die Frage wie Staatsanwälte – was viele von ihnen tatsächlich früher einmal gewesen waren –, indem sie auf eines dieser fragwürdigen Szenarien zurückgriffen, die nachvollziehbares menschliches Verhalten weitgehend außer acht lassen, um möglichst schnell das «Motiv» nachweisen zu können. Das Motiv, auf das sich der Kongreß-Untersuchungsausschuß in diesem Falle einigen sollte, war «Habgier»: VERHÄNGNISVOLLE HABGIER, lautete die Überschrift des entsprechenden Abschnitts in seinem Abschlußbericht. Elena McMahon, so die Schlußfolgerung, blieb auf der Insel, weil sie immer noch erwartete, daß jemand vorbeikam und ihr die eine Million Dollar aushändigte, die sie bei der Übergabe von Dick McMahons letzter Lieferung hätte erhalten sollen.

«Elena McMahon blieb, wo sie war», heißt es in diesem Abschnitt, «weil sie befürchtete, im Falle ihrer Abreise um das ihr nach eigener Auffassung zustehende Geld betrogen oder anderswie gebracht zu werden, das heißt um die, wie sie behauptete, ihrem Vater geschuldete Bezahlung.»

Aber das stimmte nicht.

Darum ging es ihr nicht mehr.

Um die ihrem Vater geschuldete Bezahlung ging es ihr seit dem Moment nicht mehr, als sie im *Miami Herald* gelesen hatte, daß ihr Vater laut offiziellen Angaben am 30. Juni 1984 in der Clearview Convalescent Lounge in South Kendall verstorben war.

An dem Tag also, der zufällig auch das Ausstellungsdatum des Passes mit dem eingebauten Zeitzünder war.

Nach meinen Informationen dürfte Dick McMahon kein Problem sein.

2 Nun quatsch nicht mit dem verdammten Babysitter rum», hatte ihr Vater an dem Abend gesagt, als sie sich auf den Weg zum Internationalen Flughafen Fort Lauderdale-Hollywood machen wollte, um den außerplanmäßigen Flug anzutreten, der sie nicht nach San Salvador, Costa Rica, bringen würde.

Sie versuchte noch eben, die Pflegerin darüber zu informieren, welche Medikamente ihr Vater zur Nacht bekommen sollte.

«Ellie, jetzt hör mir mal zu.»

«Er weigert sich, sie zu schlucken, aber Sie können sie ihm in einem kleinen Brandy verabreichen», sagte sie zu der Pflegerin.

Die Pflegerin zappte weiter durch die Kanäle.

«Laß dich ja von keinem dieser Typen überreden, dazubleiben», sagte ihr Vater. «Du lieferst die Ware, du kassierst die Bezahlung, du steigst wieder in die Maschine, du bist morgen zurück. So läuft das und nicht anders.»

«Ich dachte, *Ein himmlisches Vergnügen* wäre im Zweiten», sagte die Pflegerin.

«Schaff die Fernsehkritikerin raus und hör mir zu», sagte Dick McMahon.

Sie schickte die Pflegerin in die Küche, wo auch ein Fernseher stand und sie genausogut *Ein himmlisches Vergnügen* suchen konnte.

«Die da ist gar keine richtige Krankenschwester» sagte

Dick McMahon. «Die, die morgens kommt, die ist eine Krankenschwester, aber die da ist ein Babysitter.» Er hatte sich erschöpft zurückgelehnt. «Ellie. Okay. Du lieferst die Ware, du kassierst die Bezahlung, du steigst wieder in die Maschine. So läuft das und nicht anders.» Bei jedem Mal klang dieser Satz, als würde er ihn zum ersten Mal sagen. «Und laß dich von keinem dieser Typen zum Dableiben bequatschen, hast du kapiert?»

Sie sagte, sie habe kapiert.

«Und wenn dir irgendeiner irgendwelchen Ärger macht, dann sag ihnen das.»

Sie wartete.

Sie konnte das Adernnetz unter der durchscheinenden Haut seiner Augenlider sehen.

Dann sag ich ihnen was, soufflierte sie ihm.

«Sag ihnen, ach, *verdammt*.» Er kostete ihn Mühe, sich zu konzentrieren. «Sag ihnen, daß sie sich vor Max Epperson verantworten müssen. Und dann rufst du Max an. Versprich mir, daß du Max anrufst.»

Sie wußte nicht, ob Max Epperson tot oder am Leben oder nur ein Hirngespinst war, aber sie versprach trotzdem, daß sie Max anrufen würde.

Wo dieser Max auch immer sein mochte.

«Du erzählst Max einfach, daß ich nicht ganz auf dem Posten bin», sagte Dick McMahon. «Du richtest ihm von mir aus, daß er auf dich aufpassen soll. Nur so lange, bis ich wieder hundertprozentig dabei bin. Das richtest du ihm von mir aus, hast du verstanden?»

Sie sagte, sie habe verstanden.

Barry Sedlow hatte ihr aufgetragen, um Punkt Mitternacht am Flughafen Fort Lauderdale-Hollywood zu sein.

Sie solle nicht im Flughafengebäude warten, sondern an der Sicherheitspforte J, sie müsse nur im Butler-Büro nachfragen, dann werde man ihr den Weg zur Sicherheitspforte J beschreiben.

Sie sei ein abgeschlossenes Tor direkt am Rollfeld.

Jemand werde das Tor aufschließen.

Als sie sich endgültig auf den Weg machen wollte, war ihr Vater schon wieder eingeschlafen, aber sie küßte ihn zum Abschied noch schnell auf die Stirn, und da griff er nach ihrer Hand.

«Du wirst dich nicht mehr daran erinnern, aber als sie dir die Mandeln rausgenommen haben, wollte ich dich nicht allein im Krankenhaus lassen», sagte er. «Ich hatte Angst, du würdest dich fürchten, wenn beim Aufwachen niemand da war. Also schlief ich in deinem Zimmer, im Sessel.»

Elena konnte sich tatsächlich nicht daran erinnern.

Elena konnte sich nur daran erinnern, daß sie bei Catherines Blinddarmentzündung auf einer Liege in Catherines Zimmer im Cedars Hospital geschlafen hatte.

Ihr Vater hielt die Augen geschlossen.

Er ließ ihre Hand nicht los.

Der vorletzte Satz, den ihr Vater zu ihr sagte, lautete:

«Das hast du nicht mal gewußt, siehst du. Nein, du hast die ganze Zeit im Krankenhaus tapfer durchgestanden, du bist nicht ein einziges Mal aufgewacht, weil du schon damals ein Siegertyp warst.»

«Doch, ich bin aufgewacht», sagte sie. «Ich erinnere mich.»

Sie wünschte, sie könnte sich erinnern.

Sie hoffte, Catherine könnte sich erinnern.

Sie hielt seine Hand, bis sein Atem regelmäßig ging, und wandte sich dann zur Tür.

«Wenn jetzt Kasse gemacht wird», sagte er, als sie die Fliegengittertür aufdrückte, «dann hab ich zum ersten Mal im Leben etwas, was ich dir vermachen kann.»

«Ich bin aufgewacht», wiederholte sie. «Ich erinnere mich.»
Übrigens.
Ich hab Ihren Vater gesehen.
Er sagt Hi.
Ich halte ihn auf dem laufenden.

Ich weiß, warum Elena McMahon immer noch auf der Insel war.

Daß Elena McMahon immer noch auf der Insel war, lag an dem, was sie seit dem Moment wußte, als sie im *Miami Herald* las, daß der Tod ihres Vaters in South Kendall an genau demselben Tag festgestellt worden war, als der Paß mit ihrem Foto angeblich in Miami ausgestellt wurde. Was sie seit diesem Moment wußte, war folgendes:

Irgend jemand da draußen spielte ein anderes Spiel, machte ein anderes Geschäft.

Nicht das Geschäft, das mit ihrem Vater vereinbart worden war.

Ein Geschäft, von dem ihr Vater nichts gewußt hatte.

Die Rolle ihres Vaters bei dem Geschäft, von dem er nichts gewußt hatte, hätte demnach aus mehr bestanden als nur der Bereitstellung dieser Lieferungen, der Lieferungen, die im Verlauf jenes Frühjahrs seine schwindenden Kräfte, sein nachlassendes Interesse, am Leben zu bleiben, noch einmal mobilisiert hatten. Die Rolle ihres Vaters wäre demnach erst in dem Moment wichtig geworden, wo er vor Ort angekommen wäre, um die Million zu kassieren.

Denken Sie noch einmal daran, wer ihr Vater war: ein halbverrückter alter Mann, der sein Leben damit verbracht hatte, mit Waren zu handeln, die niemand offen als handelswürdig anerkennen mochte, ein alter Mann, dessen Interesse am Verwendungszweck seiner Waren sich darauf beschränkte, wer sie bezahlen konnte, ein alter Mann, dessen durchaus bekannte Unparteilichkeit hinsichtlich des Bestimmungsorts seiner Waren dazu führen konnte, daß er bei dem, was auch immer demnächst auf dieser Insel vor sich gehen sollte, der falschen Seite zugeordnet werden würde.

Wer würde ihn vermissen, wer würde nach ihm fragen?

Wer würde nicht glauben, daß er getan hatte, was auch immer man ihm nachsagen würde?

Ein alter Mann, dessen Zeit abgelaufen war.

Ein alter Mann, der keinen Ruf zu verlieren hatte.

Die Lieferungen waren nur der Käse in der Mausefalle gewesen.

Sie hatte die Falle zuschnappen lassen, und ihr Vater war tot, und jetzt war sie dafür vorgesehen, das zu tun, was auch immer ihr Vater hätte tun sollen.

Jemand hatte sie plaziert, jemand hatte sie ins Scheinwerferlicht gestellt.

Hatte sie im Visier.

Hatte sie im Fadenkreuz.

Sie wußte nur nicht, wer das war.

Und bis sie wußte, wer das war, bis sie erkennen konnte, wie die Schußlinie verlief, durfte sie Wynn da nicht hineinziehen.

Sie mußte dafür sorgen, daß Wynn nicht in die Schußlinie geriet.

Denn Wynn mußte auf Càtherine aufpassen.

3

Die Frage, warum Treat Morrison auf die Insel kam, war ein weiterer Bereich, in dem weder die Rand-Analysten noch der Kongreß-Untersuchungsausschuß zu einem überzeugenden Ergebnis kamen, doch in diesem Fall hätte es ohnehin abschreckende strukturelle Hindernisse gegeben, hohe bürokratische Schwellen, die einzig dem Prinzip geschuldet waren, daß der eigene Fortbestand auf der Fähigkeit beruht, nicht aufzuklären, sondern zu verschleiern. «Die Kooperationsbereitschaft derjenigen Einzelpersonen und Dienststellen, die unsere zahlreichen Anfragen beantwortet haben, wird ausdrücklich gewürdigt», heißt es im Vorwort der Rand-Studie zu diesem Punkt. «Wenngleich einige Einzelpersonen und Dienststellen unsere Anfragen nicht zur Kenntnis genommen beziehungsweise nicht beantwortet haben, ist doch zu hoffen, daß bei künftigen Bewertungen dieses Zwischenfalls ihre Mitarbeit und ihre zusätzlichen Erkenntnisse genutzt werden können.»

Ich wußte schon damals, warum Treat Morrison auf die Insel gekommen war, aber dieses Wissen wäre nicht geeignet gewesen, die Rand-Analysten zufriedenzustellen.

Treat Morrison kam auf die Insel, weil er den Rabatz suchte.

Die Action, das Spiel.

Treat Morrison kam auf die Insel, weil dies wieder einmal ein Ort war, wo er in eine bestimmte Art von Situation einsteigen konnte.

Natürlich hatte er eine «Mission», eine klar umrissene Weisung und auch ein klar umrissenes Programm. Er hatte immer eine klar umrissene Mission, wenn er in diese Art von Situation einstieg, und immer auch ein klar umrissenes Programm. Das Programm mußte sich nicht unbedingt mit der Weisung decken, aber auch nicht unbedingt mit ihr kollidieren, sofern dieser «Einstieg» glatt verlief. «Gewisse Leute in Washington haben vielleicht gewisse vorrangige Interessen, die sie von mir angesprochen wissen wollen, und das wäre dann also meine Weisung», erklärte er mir einmal zu diesem Thema, und zwar in dem Ton, in dem man einem Kind erklären würde, wie es im Büro zugeht. «Üblicherweise gibt es dann aber den einen oder anderen Gesichtspunkt, den sie nicht kennen oder für nachrangig halten. Und vielleicht würde ich den dann auch anzusprechen versuchen.»

Das wäre dann also sein Programm.

Treat Morrisons Weisung lautete in diesem Fall, die eventuellen Mißverständnisse beziehungsweise irrigen Eindrücke zu klären beziehungsweise zu korrigieren, die während der kürzlich erfolgten Reise eines gewissen Senators und seines außenpolitischen Beraters in diese Region eventuell entstanden waren. Es hatte auch eine Folgereise gegeben, diese allein von dem außenpolitischen Berater unternommen, der siebenundzwanzig Jahre alt war und Mark Berquist hieß. Von Mitarbeitern der US-Botschaft in den betreffenden Ländern waren verschiedene Fragen beantwortet worden, die in Zusammenhang damit standen, was der Senator und Mark Berquist eigentlich in diesen Ländern taten, mit wem sie sich dort getroffen hatten und was Gegenstand beziehungsweise nicht Gegenstand derartiger Treffen gewesen war. Diese Fragen, die natürlich dem weitverbreiteten Verdacht geschuldet waren, die beiden Reisen hätten eine Förderung oder sogar eine regelrechte Unterstützung von, wie man in dieser Region zu sagen pflegte, «staatlicherseits nicht anerkannten Akteuren» zum Ziel haben können, hatten eine Zeitlang in den Karibik- und Mittelmeerabteilungen herumgelegen und Staub angesetzt, um dann aber, als festzustehen schien, daß keine Antworten zu erwarten waren, aus Tegucigalpa den einflußreichen amerikanischen Journalisten zugespielt zu werden, die über diese Region berichteten.

«Wie aus Botschaftskreisen verlautet», so wurde dieser Fragenkatalog von der *New York Times* eingeleitet.

Die *Los Angeles Times* brachte die zusätzliche Bestätigung «eines europäischen Diplomaten mit Erfahrungen in dieser Region».

Die *Washington Post* berief sich auf «gutunterrichtete Beobachter der US-Außenpolitik».

Der kurzzeitige Wirbel, den diese Berichterstattung auslöste, veranlaßte Mark Berquist dazu, den Zweck beider Reisen als «rein informativ» zu definieren, «konzentriert auf Handels- und Agrarfragen», aber «für Sie in keinerlei Hinsicht von besonderem Interesse».

Der Senator selbst erklärte, er habe diese Reise nur unternommen, um «für die Teilnahme an einem Städtepartnerschaftsprogramm zu werben, das wir sehr aktiv vorantreiben und als für alle Beteiligten nützlich erachten».

Der Ruf nach einem Hearing verhallte, bevor er bis zum Unterausschuß durchgedrungen war.

Womit die ganze Sache hätte zu Ende sein können, wären den Reisen vom Senator und Mark Berquist nicht – jedenfalls in der Region, über die Alex Brokaws Botschaft Bericht erstattete – gewisse Zwischenfälle gefolgt, keine größeren zwar, aber dennoch beunruhigende Zwischenfälle insofern, als sie tendenziell die «vormals verläßliche

Quelle» zu bestätigen schienen, die Ende Juni die Existenz eines Komplotts zur Ermordung von Alex Brokaw gemeldet hatte.

Da gab es beispielsweise die beiden Überseekoffer, die offenbar in einer Eigentumswohnung auf der Windseite der Insel zurückgelassen worden waren, in der zur Zeit von Mark Berquists zweitem Besuch eine junge Costaricanerin gewohnt hatte, die seitdem verschwunden und mit ihrer wöchentlich fälligen Miete im Rückstand war. Als der Eigentümer zurückkehrte, fand er die Schiffskoffer, die er auf den Korridor verbrachte, wo sie vor der späteren Entsorgung geöffnet werden sollten. Die Koffer standen zehn, zwölf Tage auf dem Laufgang, bis der Hausmeister die Zeit fand, sie zu öffnen. Laut Polizeibericht über diesen Vorfall bestand der Inhalt der beiden Koffer unter anderem aus zwanzig halbautomatischen Galil-Sturmgewehren, zwei AK-47ern, siebzehn Schalldämpfern, drei Walkie-Talkies, drei Tüten mit Munition, Patronen, Sprengstoff, Zündkapseln und elektronischem Zubehör, vier kugelsicheren Westen und zwei Waagen. Laut Botschaftsbericht über diesen Vorfall sprachen die Waagen für eine Verbindung zum Drogengeschäft und sorgten so für die Einstufung dieses Vorfalls als weniger bedeutsam. Des weiteren kam der Botschaftsbericht zu dem Schluß, daß die vermißte costaricanische Mieterin keine Mitarbeiterin einer der Botschaft bekannten US-amerikanischen Dienststelle gewesen war.

Daß die Mieterin (nicht mehr vermißt, da ihre Leiche zwischenzeitlich in einer Schlucht beim Smuggler's Cove Highway aufgefunden worden war) keine Mitarbeiterin einer der Botschaft bekannten US-amerikanischen Dienststelle gewesen war, gehörte zu den Punkten, die Treat Morrison bezweifelte.

Ein paar Tage nach dem Vorfall mit den Überseekoffern

(aber noch vor dem Auffinden der Leiche der jungen Frau) hatte es dann den Vorfall am Intercon gegeben, wenige Minuten vor Alex Brokaws geplanter Rede anläßlich eines von der Handelskammer veranstalteten Lunchs im Ballsaal des Intercon. Eine kleine Menge hatte sich versammelt, offenbar eine Demonstration, bei der es darum ging, wer für die jähen Verluste im Tourismusgeschäft verantwortlich war. Die Demonstranten behaupteten, daß die Vereinigten Staaten für die Verluste im Tourismusgeschäft verantwortlich waren. Die Botschaft argumentierte – und genau das war das Thema, über das Alex Brokaw seine Rede hatte halten wollen –, daß die Verluste im Tourismusgeschäft durch die ökonomischen Vorteile, die demnächst nicht nur dieser Insel, sondern der gesamten Karibik zukämen, mehr als wettgemacht werden würden, sobald der Kongreß der Vereinigten Staaten den nicaraguanischen Freiheitskämpfern die Militärhilfe für das Haushaltsjahr 1985 bewilligte.

Ökonomische Vorteile, die schon jetzt entstanden.

In Erwartung dieser Entscheidung.

Angesichts der Tatsache, daß es, offen gesagt, bereits eine amerikanische Präsenz gab.

Eine verdeckte Präsenz allerdings.

Aber doch nur in Erwartung einer offenen.

Das war der Subtext der Botschaft, die Alex Brokaw allein in der geschützten Fahrgastzelle seines Wagens auf einer Karteikarte hatte zusammenfassen wollen, während sein Fahrer im Schneckentempo zwischen den Demonstranten vor dem Intercon auf die Polizeibarrikade am Eingang zusteuerte. Der tatsächliche Text der Botschaft, die er auf die Karteikarte kritzelte, lautete folgendermaßen: *Fragen Sie doch einfach Ihre Freunde, die panamaischen Händler, was ihnen das Southern Command der USA eingebracht hat.*

«Eigentlich eine ziemlich schwache Demo», hatte Alex Brokaw laut Bericht seines Fahrers genau in dem Moment gesagt, als es losging, erst das Trommelfeuer aus halbautomatischen Waffen, dann, als die Polizei sich an den Schauplatz heranarbeitete, das dumpfe Knallen von Tränengaskanistern.

«Es gibt doch nichts Besseres als ein bißchen Tränengas, um die Nebenhöhlen freizukriegen», hatte Alex Brokaw nach seiner Erinnerung gesagt.

Laut Polizeibericht über diesen Zwischenfall konzentrierten sich die Ermittlungen auf zwei Honduraner, die bis zu diesem Morgen im Days Inn am Flughafen gemeldet gewesen waren. Laut Botschaftsbericht über diesen Zwischenfall konnten die beiden Honduraner nicht vernommen werden, da sich ihr derzeitiger Aufenthaltsort nicht ermitteln ließ; fest stand jedenfalls, daß sie keine Mitarbeiter einer der Botschaft bekannten US-Dienststelle waren.

Daß die beiden verschwundenen Honduraner keine Mitarbeiter einer der Botschaft bekannten US-Dienststelle waren, war der zweite Punkt, den Treat Morrison bezweifelte.

Der dritte Punkt, den Treat Morrison bezweifelte, war weniger klar umrissen und bezog sich auf die «vormals verläßliche Quelle», die Ende Juni die Existenz eines Komplotts zur Ermordung von Alex Brokaw gemeldet hatte. An diesem Bericht war etwas, das viele Leute in Washington und Miami gleich als allzu passend empfunden hatten, allein schon der Tatsache wegen, daß er mit den ersten Beratungen über die Bewilligung von Militärhilfe für die nicaraguanischen Freiheitskämpfer für das Haushaltsjahr 1985 zusammenfiel. Dieselben Leute in Washington und Miami tendierten nun dazu, auch die jüngsten Vorfälle als allzu passend abzutun, als zusätzliche Beweise für die Theorie, daß Alex Brokaw in seinem Bemühen, die Grundlagen für eine offene Präsenz und Konzentration von Kräften auf der Insel zu schaffen, den Bericht über das Mordkomplott höchstpersönlich auf den Weg gebracht hatte und diesen Bericht jetzt mit weiteren Hinweisen auf gefährdete amerikanische Botschaftsmitarbeiter unterfütterte.

Es hieß, Alex Brokaw würde «den eigenen Brunnen vergiften».

Die weitverbreitete Meinung, daß Alex Brokaw den eigenen Brunnen vergiftete, hatte bis Ende Juli die kritische Masse erreicht, und ebenso die Vermengung von Metaphern: Alex Brokaw, so hieß es, würde den eigenen Brunnen vergiften, indem er «die Reichstagskarte ausspielte».

Das Problem, den eigenen Brunnen zu vergiften, indem man die Reichstagskarte ausspielte, bestand darin, daß man schon ziemlich beschränkt sein mußte, um so etwas überhaupt zu versuchen, weil in diesem Fall logischerweise alle anderen davon ausgehen würden, daß man den eigenen Brunnen vergiftete, indem man die Reichstagskarte ausspielte.

Daß Alex Brokaw beschränkt genug war, um auf diese Weise den eigenen Brunnen zu vergiften, war der dritte Punkt, den Treat Morrison bezweifelte, und die Stelle zu lokalisieren, wo diese Zweifel sich überschnitten, war tatsächlich ein Teil seines Programms. Der andere Teil seines Programms hatte mit dem unerwarteten Besuch zu tun, den ihm am Abend vor seiner Abreise aus Washington der außenpolitische Berater des Senators abstattete, dessen Reise in die fragliche Region die erwähnten Fragen überhaupt erst aufgeworfen hatte.

«T. M., in fünfzehn Minuten sind Sie mich wieder los», hatte Mark Berquist gesagt, als er mit rosa Wangen und einem Seersuckeranzug in Treat Morrisons Büro aufgetaucht war, zu einem Zeitpunkt übrigens, als die Sekretärinnen schon gegangen waren. Die Klimaanlage war ausgestellt, die Fenster standen offen, und Mark Berquits Oberhemd sah aus, als schnürte es ihm den Hals ein. «Es wäre vielleicht nicht dumm, ein bißchen frische Luft zu schnappen.»

«Mr. Berquist», hatte Treat Morrison gesagt. «Wollen Sie sich nicht setzen.»

Eine kaum wahrnehmbare Pause. «Eigentlich wäre es mir lieber, wenn wir einen kleinen Spaziergang machen würden», sagte Mark Berquist in bedeutungsvollem Ton, während seine Augen die Bücherregale absuchten, als könnte sich etwa der Band *Foreign Affairs* als eine klug getarnte Abhöranlage entpuppen.

«Ich würde mir nicht erlauben, Ihre Zeit so lange in Anspruch zu nehmen.»

Darauf war ein Schweigen eingetreten.

Treat Morrison hatte auf seine Schreibtischuhr geblickt.

«Sie haben bereits zwei Minuten verschwendet, damit bleiben Ihnen noch dreizehn», sagte Treat Morrison.

Darauf trat wieder ein Schweigen ein, und dann zog Mark Berquist sein Seersuckerjackett aus und hängte es ordentlich über eine Stuhllehne. Als er sich schließlich setzte, vermied er jeden Blickkontakt mit Treat Morrison.

«Ich würde gern mit ein paar Worten zu meiner Person beginnen», sagte Mark Berquist dann.

Er arbeite, sagte er, nun fünf Jahre auf dem Capitol Hill, seit seinem Abschluß in Villanova. In Villanova, sagte er, habe er das Glück gehabt, die Söhne einiger prominenter Exilkubaner kennenzulernen und darüber hinaus die Söhne von zwei in Washington residierenden Botschaftern aus der weiteren Region, nämlich aus Argentinien und El Salvador. Und diese Freundschaften, sagte er, hätten ihn letztlich dazu bewogen, sich mit all seinen bescheidenen Kräften dafür einzusetzen, den Boden für die Demokratie in dieser Region zu ebnen.

Treat Morrison drehte seine Schreibtischuhr zu Mark Berquist um.

«Sieben», sagte er.

«Sie sind sich darüber im klaren, daß wir dort bestimmte Interessen haben.» Mark Berquist erwiderte jetzt endlich Treat Morrisons Blick. «Eine bestimmte Situation.»

«Ich an Ihrer Stelle würde bald zur Sache kommen.»

«Und das könnte eine Situation sein, in die Sie nicht geraten möchten.»

Treat Morrison sagte erst einmal gar nichts.

«Verdammt», sagte er dann. «So etwas hab ich wirklich noch keinen Menschen sagen hören.» Das entsprach nicht ganz der Wahrheit. In seinem Berufsleben hatte Treat Morrison schon viele Menschen so etwas sagen hören, allerdings war keiner davon ein siebenundzwanzigjähriger Assistent vom Capitol Hill gewesen. «Vielleicht halten Sie mich jetzt für naiv, aber ich hätte gedacht, daß man schon Schauspieler sein müßte, um so etwas zu sagen.»

Treat Morrison hatte sich zurückgelehnt und die Hände hinterm Kopf gefaltet. «Haben Sie je daran gedacht, als Schauspieler zu arbeiten, Mr. Berquist? Zur Bühne zu gehen? Theaterschminke im Gesicht, das Toben der Menge in den Ohren?»

Mark Berquist erhob sich, ohne etwas zu sagen.

«Gar nicht soviel anders als die Politik», sagte Treat Morrison. Er sah jetzt zur Decke hoch und machte die Augen schmal, um nicht von der Leuchtröhre geblendet zu werden.

«Wenn man sich mal die Zeit nimmt, es zu analysieren. Ich nehme an, Sie haben sich dort mit gewissen Leuten getroffen.»

Mark Berquist riß sein Seersuckerjackett von der Stuhllehne. Er stieß jedes Wort mit gleichmäßiger Betonung aus. «Das hier ist eine Stadt von Alten Herren, und Sie sind einer von den Alten Herren, also stellen Sie meinetwegen gern ein paar Vermutungen an. Ich möchte Ihnen nur sagen, daß dies ein Puzzle mit einer Menge Teilen ist, die Sie vielleicht nicht unbedingt zusammensetzen möchten.»

«Einer der Leute, die Sie, wie ich annehme, dort getroffen haben, ist Bob Weir.»

«Sie sind auf Angeltour», sagte Mark Berquist. «Aber ich beiße nicht an.»

Treat Morrison sagte nichts.

Bob Weir war die «vormals zuverlässige Quelle», die Ende Juni die Existenz eines Komplotts zur Ermordung von Alex Brokaw gemeldet hatte.

«Und lassen Sie mich noch eins hinzufügen», sagte Mark Berquist. «Sie würden einen gewaltigen Fehler machen, wenn Sie versuchen würden, Bob Weir auf die Abschußliste zu setzen.»

Treat Morrison hatte stumm mitangesehen, wie Mark Berquist mit schwingerartigen Bewegungen versuchte, durch die Ärmel seines Seersuckerjacketts zu stoßen.

«Übrigens», sagte Treat Morrison schließlich. «Kleiner Hinweis für die Zukunft. Ich bin kein Alter Herr.»

4 Ich jedenfalls hatte Bob Weir schon einmal getroffen.

Ich war ihm 1982, also zwei Jahre früher, in San Salvador begegnet, wo er damals nicht etwa ein Restaurant betrieb, sondern eine Diskothek, ein relativ trostloses Etablissement namens Chez Roberto mit acht Tischen und einer Lautsprecheranlage in einer Einkaufspassage im San-Benito-Distrikt. Schon wenige Stunden nach meiner Ankunft und dann in regelmäßigen Abständen hörte ich andere Leute den Namen Bob Weir nennen, immer mit auffallender Zurückhaltung: Anscheinend war er ein Amerikaner mit einer als interessant bezeichneten Geschichte und der Gabe, zu interessanten Zeiten an interessanten Orten zu sein. So war er beispielsweise zu der Zeit Manager einer Exportfirma in Guatemala gewesen, als Jacobo Arbenz gestürzt wurde. Dann war er Manager einer weiteren Exportfirma in Managua gewesen, als das Somoza-Regime gestürzt wurde. In San Salvador, so hieß es, unterhielt er besonders enge Beziehungen zu einem ausgesprochen schlechten Schauspieler namens Colonel Álvaro García Steiner, der seinerseits an einem Antiterrortraining beim argentinischen Militär teilgenommen hatte – einer damaligen Spezialität dieses Landes.

Da ich nichts Wichtigeres vorhatte, ging ich abends ein paarmal beim Chez Roberto vorbei, immer in der Hoffnung, den Besitzer sprechen zu können. Immer sah ich die üblichen gepanzerten Cherokee Chiefs draußen auf dem

Parkplatz und die üblichen salvadorianischen Geschäftsleute drinnen (ich habe im Chez Roberto nie jemanden tanzen sehen, ja, es waren noch nicht einmal Frauen dort), aber jedesmal hieß es, Bob Weir sei «nicht in der Stadt» oder «geschäftlich verhindert» oder einfach «für niemanden zu sprechen».

Ein paar Tage nach meinem letzten Besuch beim Chez Roberto setzte sich ein Mann, den ich nicht kannte, in der Café-Bar des Sheraton mir gegenüber an den Tisch. Er hatte eine der kleinen ledernen Brieftaschen mit Reißverschluß bei sich, die damals in San Salvador recht häufig eine Browning 9 mm beherbergten, und dazu einen Stapel relativ aktueller amerikanischer Zeitungen, die er auf dem Tisch ausbreitete und, einen gezückten Marker in der Hand, durchzugehen begann.

Ich aß weiter von meinem Shrimpscocktail.

«Wie ich sehe, gibt's hier wieder mal die übliche Agitprop von Ihren Kollegen», sagte er, während er eine Story mit der Spitzmarke San Salvador im *Miami Herald* anstrich.

Einige Zeit verging.

Ich aß meinen Shrimpscocktail zu Ende und gab dem Kellner ein Handzeichen.

Die Uhr über dem Kassiertisch zeigte an, daß der Mann an meinem Tisch seit elf Minuten Zeitungen las.

«Vielleicht habe ich die Situation ja mißverstanden», sagte er, als ich den Rechnungsbeleg unterschrieb. «Ich hatte den Eindruck, Sie hätten nach Bob Weir gesucht.»

Ich fragte ihn, ob er Bob Weir sei.

«Schon möglich», sagte er.

Diese obskur bedrohliche Begegnung verlief, wie viele solcher Begegnungen damals in San Salvador, im Sande. Bob Weir sagte, er würde sich nur zu gern mit mir über das Land unterhalten, speziell über seine Bürger, die von einem richtigen Unternehmergeist beseelt seien und sich keinerlei autoritäre Ordnung oktroyieren lassen wollten. Bob Weir sagte auch noch, er würde mich zu gern einigen dieser Bürger mit besagtem Unternehmergeist vorstellen, doch leider seien diejenigen, die ich erwähnt hätte, insbesondere Colonel Álvaro García Steiner, gerade nicht in der Stadt oder geschäftlich verhindert oder momentan für niemanden zu sprechen.

Viele Leute, die Bob Weirs Bekanntschaft machten, nahmen natürlich an, er sei von der CIA.

Ich hatte keinen besonderen Grund, dies zu bezweifeln, aber ich hatte auch keinen besonderen Grund, es zu glauben.

Ich konnte nur eines mit Sicherheit über Bob Weir sagen: daß ich nämlich, als ich ihm ins Gesicht sah, nicht sein Gesicht sah.

Sondern ein gerichtsmedizinisches Foto seines Gesichtes.

Ich sah ihn mit durchgeschnittener Kehle; der Schnitt ging von einem Ohr bis zum anderen.

Davon erzählte ich ein paar Leuten, und wir waren uns alle einig: Was auch immer Bob Weir spielte, war eine Nummer zu groß für ihn. Bob Weir war entbehrlich. Daß Bob Weir zwei Jahre später immer noch am Leben war und Geschäfte machte, daß er nicht nur Geschäfte machte, sondern sie auch noch an einem anderen interessanten Ort zu einer anderen interessanten Zeit machte und sie nicht nur an diesem interessanten Ort zu dieser interessanten Zeit machte, sondern auch noch in seiner Eigenschaft als «vormals verläßliche Quelle», ist ein weiterer Beweis dafür, wie wenig wir doch alle begriffen.

5 Als Treat Morrison mir später von Mark Berquists unerwartetem Besuch in seinem Büro erzählte, sagte er, daß er ein wenig zerstreut gewesen sei.

Sonst, sagte er, hätte er anders reagiert.

Sich von dem Knaben nicht so nerven lassen.

Sich auf das konzentriert, was der Knabe tatsächlich sagte.

Abgesehen von dem naßforschen Ton.

Abgesehen davon, daß der Knabe redete, als wäre er der verdammte General Lansdale persönlich.

Er sei, sagte er, seit Dianes Tod ein wenig zerstreut gewesen.

Diane Morrison, 52, meine geliebte Frau, nach kurzer Krankheit.

Diane, sagte er, sei eines von Gottes klugen und schönen Geschöpfen gewesen, und irgendwann während der ein, zwei Monate vor ihrem Tod habe es angefangen, daß er sich nicht mehr richtig konzentrieren konnte, daß er nicht mehr ganz bei der Sache war.

Und dann war sie natürlich gestorben.

Er hatte endlich die Pflegeschichten geregelt gehabt, und dann war sie gestorben, einfach so.

Und danach hatte es natürlich alle möglichen finanziellen und gesellschaftlichen Verpflichtungen gegeben.

Die üblichen finanziellen und gesellschaftlichen Verpflichtungen, Sie wissen schon.

Und dann gar nichts mehr.

Die Pflegerinnen waren nicht mehr da, und sie auch nicht.

Und eines Abends kam er nach Hause und wollte nichts essen und nicht schlafen gehen und goß sich einfach einen Drink nach dem anderen ein, bis es kurz vor Morgenanbruch und auch schon Zeit war, ein paar Längen zu schwimmen und dann ins Büro zu gehen.

Eine verdammt üble Nacht, wie Sie sich denken können.

Und als er an diesem Morgen ins Büro kam, sagte er, sei ihm klargeworden, daß er zu lange überbelastet gewesen war, daß es Zeit war, ein paar Tage auszuspannen, er habe sogar mit dem Gedanken gespielt, allein nach Rom zu fliegen, sich aber nicht vorstellen können, wie er die Zeit dafür freischaufeln sollte, und das Endergebnis sei gewesen, daß er etwa elf Monate lang mit leerer Batterie weitergemacht habe.

Daß er elf Monate lang ein wenig zerstreut weitergemacht habe.

Was nun den Besuch von Mark Berquist betraf, so hatte dieser Knabe ihn zunächst einmal dabei erwischt, daß er noch nach Büroschluß arbeitete, daß er versuchte, seinen Schreibtisch freizuräumen, um die Frühmaschine zur Insel zu kriegen, er mußte unbedingt die Frühmaschine kriegen, weil Alex Brokaw seinen allwöchentlichen Flug nach San José verschoben hatte, um ihn im Sicherheitsbereich auf dem Flughafen briefen zu können, und daher war er in dieser Situation sogar noch etwas zerstreuter als üblich gewesen.

Wie Sie sich bestimmt vorstellen können, fügte er hinzu.

Ich wußte nicht, ob ich mir das vorstellen konnte.

Er war aber nicht so zerstreut gewesen, daß er es versäumt hätte – die Sekretärinnen, die normalerweise seine Termine machten, waren ja schon gegangen –, die Details dieses Treffens persönlich in seiner ordentlichen Handschrift in seinen Schreibtischkalender einzutragen.

Datum: Montag, 13. August 1984
Ort: 2201 C Street, N. W.
Zeit: 19.10 bis 19.27
Anwesend: T. A. M. / Mark Berquist
Gegenstand: Unangemeldeter Besuch, Bob Weir, andere Themen

«Reine Formsache», sagte Treat Morrison, als ich den Eintrag in seinem Schreibtischkalender erwähnte. «Das hatte nichts mit Konzentration zu tun, das war eine reine Reflexhandlung, um meinen Arsch abzusichern, wie jeder Scheißbürokrat das tut, wenn Sie je in Washington gearbeitet hätten, dann wüßten Sie das, man führt seinen Schreibtischkalender auf Autopilot.»

Er knackte mit den Fingern seiner rechten Hand, ein nervöser Tick.

«Für mich», sagte er, «war das nur so ein Knabe vom Capitol Hill voller spinnerter Ideen, mit denen man, wie jeder halbwegs vernünftige Mensch wissen müßte, außerhalb von unserem verdammten Treibhaus Washington sofort auf die Schnauze fallen würde.»

Er verstummte.

«Herrgott noch mal», sagte er dann. «Ich hätte mir doch die paar Tage freinehmen und nach Rom fliegen sollen.»

Wieder verstummte er.

Ich versuchte, mir Treat Morrison in Rom vorzustellen.

In dem einzigen Bild, das mir vor Augen kam, ging er ganz allein über die Via Veneto; es war früher Abend, und alle saßen draußen vorm Excelsior, als wäre es immer noch 1954 – alle außer Treat Morrison.

Schultern leicht hochgezogen, Blick geradeaus.

Vorbei am Excelsior, als wäre er irgendwohin unterwegs.

«Die Sache ist doch die», sagte er und verstummte. Als er dann weitersprach, klang seine Stimme nüchtern, aber er knackte wieder mit den Fingern seiner rechten Hand. «Die Sache ist doch die: Hätte ich die Reise nach Rom gemacht, dann hätte dieses Treffen niemals stattfinden müssen. Weil ich wieder im Spiel gewesen wäre, voll dringewesen wäre, bevor dieser blöde Knabe sich überhaupt in den Flieger nach Süden gesetzt hätte.»

Immer wieder kam er auf dieses Treffen mit Mark Berquist zurück, beleuchtete es, zerpflückte es, versuchte, seinen Fehler damit deckungsgleich zu bekommen, daß das Mittelstück des Puzzles, das er vielleicht nicht unbedingt hätte zusammensetzen mögen, sich direkt vor ihm in seinem Büro befunden hatte.

Mark Berquist.

Was auf die Frage hinauslief, wie Treat Morrison es elliptisch in den vierhundertundsechsundsiebzig Seiten formulierte, die er der Bancroft Library überließ, ob Politik sich auf das stützen sollte, was von Leuten gesagt, geglaubt oder gewünscht wurde, die in vollklimatisierten Räumlichkeiten in Washington oder New York herumsaßen, oder ob Politik sich auf das stützen sollte, was von den Leuten wahrgenommen und berichtet wurde, die tatsächlich vor Ort waren. Er sei, wie er immer wieder sagte, ein wenig zerstreut gewesen.

Wäre er nicht so zerstreut gewesen, dann hätte er das Puzzle sofort zusammengesetzt und gesehen, daß der Bericht über das Komplott zur Ermordung von Alex Brokaw nicht, wie Alex Brokaw glaubte, von der vormals verläßlichen Quelle stammte, die ihn an die Botschaft weitergereicht hatte. Und daß er auch nicht, wie die meisten Leute in Washington glaubten, von Alex Brokaw selbst stammte.

Der Bericht über das Komplott zur Ermordung von Alex Brokaw stammte natürlich aus Washington.

Von Mark Berquist.

Der ihn an die vormals verläßliche Quelle weitergereicht hatte.

An Bob Weir.

Treat Morrison war so dicht dran gewesen und hatte es doch noch versiebt.

Weil er sich nicht konzentriert hatte.

Hätte er sich konzentriert, dann hätte sich alles andere zusammengefügt.

Ich meine, Herrgott noch mal, sagte er. Das ist doch keine Weltraumforschung. Das ist Lehrbuchstoff. A, B, C. Eins, zwei, drei.

Wenn man ein Mordkomplott ins Spiel bringt, dann läßt man dem einen Mordversuch folgen. Wenn man einen Mordversuch inszeniert, dann bringt man einen Strohmann ins Spiel.

Einen Strohmann, der den Mörder spielt.

Jemanden mit der passenden Vorgeschichte für diese Rolle.

Jemanden, der bei dem Mordversuch zum Schweigen gebracht werden kann.

Dem Mordversuch mit erfolgreichem beziehungsweise erfolglosem Ausgang – je nachdem, als wie anerkannt beziehungsweise nicht anerkannt sich diese Akteure erweisen.

A, B, C. Eins, zwei, drei.

Auf Tag folgt Nacht.

Keine Weltraumforschung.

Hätte er sich konzentriert, dann hätte er sich das ausrechnen können. Das jedenfalls sagte er sich immer noch.

Als wir zum allerletzten Mal miteinander sprachen.

6

Der besondere Rhythmus eines Komplotts verlangt nach einer Phase des Innehaltens, des Lauerns, der Ruhe vor dem Sturm – einer Wartezeit von einigen Stunden oder auch Tagen, die so normal verlaufen, daß sie das Gefühl vermitteln, das Ganze könnte vielleicht doch nicht ins Rollen kommen, der Ball könnte in der Luft schweben bleiben. Und tatsächlich schienen die Wochen zwischen dem Tag, als Elena McMahon erfuhr, daß ihr Vater tot war, und dem Tag, als Treat Morrison auf der Insel ankam, oberflächlich betrachtet so normal zu sein, daß nur eine gewisse Unflexibilität in ihrer Zeiteinteilung darauf hätte hindeuten können, daß Elena McMahon überhaupt auf etwas wartete. Bevor sie aus dem Intercon auszog, schaltete sie den Fernseher in ihrem Zimmer jeden Morgen um Punkt halb sieben ein und sah sich den Wetterbericht auf CNN International an: Regenschauer in Rumänien, eine Front vor Chile, die Vereinigten Staaten reduziert auf ein Sturmtief, der Seenebel in Auflösung über Südkalifornien, die Welt jenseits dieser Insel nicht in langsamer Drehbewegung, sondern mit der meteorologisch vorgegebenen Rasanz – eine Übersichtlichkeit, die sie beruhigend fand.

Der sich auflösende Seenebel über Südkalifornien bedeutete, daß sich auch die Stratuswolken über Malibu bis zum Mittag auflösen würden.

Catherine konnte heute also in der Sonne liegen.

Spätestens um zehn nach sieben zog sie sich dann Shorts

und ein T-Shirt an und begann ihren Fußmarsch. Sie marschierte fünf Meilen, sieben oder zehn, jedenfalls genau zwei Stunden lang. Um spätestens zehn nach neun nahm sie zwei Tassen Kaffee und eine Papaya zu sich, nie mehr. Die zwei Stunden zwischen zehn und zwölf Uhr verbrachte sie im Stadtzentrum, nicht direkt mit Einkäufen; es ging ihr vielmehr darum, sich sehen zu lassen, ihre Anwesenheit zu demonstrieren. Der Ablauf dieses Stadtbummels variierte nie: Jeden Tag blieb sie am Drehständer vor dem Roxall Drugstore stehen, um sich die immer gleiche Auswahl an Postkarten anzusehen. Drei Straßen weiter war der Hafen, wo sie eine Pause einlegte, sich auf das Mäuerchen oberhalb der Docks setzte, um das Be- oder Entladen eines der Frachter zu verfolgen, die zwischen den Inseln verkehrten. Nach dem Rexall und dem Hafen ging es zur Buchhandlung, zur Konditorei, zu den Plakaten vor dem Rathaus. Auf ihrem Lieblingsplakat war ein roter Kreis mit Schrägbalken über der Abbildung einer Fiebermücke zu sehen, aber keinerlei Hinweis darauf, wie dieses Verbot durchgesetzt werden sollte.

Die Nachmittage zu gestalten fiel ihr zunächst schwerer. In den ersten Tagen hatte sie versucht, am Pool des Intercon zu sitzen, aber irgend etwas an den leeren Liegestühlen, der ewigen sommertypischen Bewölkung, aber eben auch dem zeitweiligen Auftauchen des einen oder anderen von den Amerikanern, die jetzt anscheinend zu Massen im Intercon einquartiert waren, war für ihre momentane Verfassung nicht das richtige gewesen. Am dritten Tag fand sie in einem Antiquariat in der Nähe der Medizinischen Hochschule eine italienische Grammatik und ein zerlesenes Lehrbuch mit dem Titel *Allgemeinmedizin und Infektionskrankheiten*, woraufhin sie jeden Nachmittag eine festgelegte Zeit damit zubrachte, sich Italienisch (von zwei bis vier) und (zwischen fünf und sieben) die Prinzipien von Diagnose und Therapie beizubringen.

Mit ihrem Umzug vom Intercon auf die windwärts gelegene Seite der Insel hatte sie dann eine offizielle Beschäftigung: die der stellvertretenden Geschäftsführerin im Surfrider. Schon zum Zeitpunkt ihrer Einstellung gab es nicht mehr viel zu tun, aber zumindest hatte sie einen Schreibtisch in Ordnung zu halten, sich einen Überblick zu verschaffen, gewisse erfundene Pflichten. Da waren Speisekarten zu entwerfen, Blumen zu arrangieren. Da war der tägliche Ausflug zum Flughafen in einem der drei zerbeulten hoteleigenen Jeeps, um die Zeitungen zu holen und die Frachtsendungen aufzugeben. Auf der windwärts gelegenen Seite der Insel hatte sie keinen Intercon-Pool mit leeren Liegestühlen, sondern richtiges Meer, das schwere Tosen der Brandung am Riff und die abrupte Stille bei Ebbe und dann wieder, wenn die Flut den höchsten Stand erreichte, den wohltuenden Wind, der gegen Morgen aufkam, die Jalousien klappern ließ, die Vorhänge blähte und die mittlerweile schweißgetränkten Leintücher trocknete.

Auf der windwärts gelegenen Seite hatte sie auch, nachdem die Rucksacktouristen weitergezogen waren, noch Gesellschaft, anspruchslose Gesellschaft und je nach Bedarf: die des Managers vom Surfrider, eines Amerikaners namens Paul Schuster, der ursprünglich als Pan-American-Steward auf die Inseln gekommen war und sich dort in einen *raconteur* der Tropen verwandelt hatte, einen Mann mit einem stets verfügbaren Fundus an Geschichten über Leute, die er kennengelernt hatte (er wolle keine Namen nennen, aber die Namen würden ihr bestimmt etwas sagen), amüsante Abenteuer, die er erlebt hatte (sie könne sich ja nicht vorstellen, wie leicht unter Palmen alle Hemmungen abgelegt würden), und Orte, Schauplätze überall in der Karibik, an denen er tätig gewesen war.

Da war das Gästehaus auf La Martinique gewesen, die Diskothek in Gustavia. Tolle Läden, aber nicht ganz sein Ding. Sein Ding war das superexklusive Gay House auf St. Lucia gewesen, Luxus pur, zehn perfekt gestylte Suiten, nur die Crème de la crème kam, er wolle keine Namen nennen, aber die ganz großen Spekulanten von der Wall Street, die allerheißesten Agenten und Produzenten aus dem Filmgeschäft, *pas des hustler*s. Auch der Laden auf Haiti war sein Ding gewesen, bis die massive Einschüchterung ihn aus Haiti vertrieben hatte, bis die toten Hühner am Tor vor dem Laden auftauchten, den er dort hatte, das erste und, soweit er sich denken konnte, immer noch die einzige erstklassige Schwulensauna in Port-au-Prince.

Er war vielleicht nicht der schlaueste Homo in der Gegend, aber hey, wenn er ein totes Huhn sah, dann wußte er, was das hieß, bei ihm mußte man nicht erst mit dem Zaunpfahl winken.

Pas de poulet.

Pas de voodoo.

Pas de Port-au-Prince.

Paul Schuster spielte häufig auf seine Homosexualität und die anderer Leute an, aber seit Elena ins Surfrider gezogen war, hatte es – was im nachhinein wie ein nicht ganz ins Bild passender Mangel an Beweisen dafür erscheinen mochte – keinen Herrenbesuch gegeben, keine Jungs, die kamen oder gingen, ja überhaupt niemanden, der kam, ging oder blieb, nur sie beide, allein bei den Mahlzeiten und in den Abendstunden, wenn sie draußen am leeren Pool saßen und zum Schutz gegen die Moskitos Zitronenkrautzweige abbrannten. Bis zu dem Abend vor Treat Morrisons Ankunft war Paul Schuster unentwegt leutselig gewesen, auf eine seltsam altmodische Weise, als wäre er um 1952 herum hier angeschwemmt worden und von den Jahrzehnten danach gänzlich unbeleckt geblieben.

«Happy-hour», pflegte er lauthals zu rufen, um dann mit einem Krug Rumpunsch auf der Veranda zu erscheinen, wo sie *Allgemeinmedizin und Infektionskrankheiten* las. «Prosit! So jung kommen wir nicht mehr zusammen.»

Worauf sie widerwillig ein Lesezeichen in *Allgemeinmedizin und Infektionskrankheiten* schob und das Buch beiseite legte.

Worauf Paul Schuster ihr wieder einmal seinen Plan vortrug, das Surfrider komplett zu renovieren und neu zu vermarkten, als luxuriöses Kurhotel für europäische Geschäftsleute.

Elite. Macher. Leute von einer gewissen Klasse, die sich schwertun dürften, in Düsseldorf oder sonstwo die totale Entspannung zu finden.

Worauf sie wiederum sagte, sie sei sich wirklich nicht sicher, ob die momentane Stimmung auf der Insel unbedingt für eine Neuvermarktung des Surfrider spreche.

Was er wiederum überging.

«Immer dasselbe», sagte er. «Da verstreu ich meine Ideen wie Samenkörner.» Dieser Vergleich gefiel ihm jedesmal aufs neue. «Da verstreu ich meine Samenkörner, und jeder kann sie aufpicken. Aber hey, Ideen sind wie Busse, jeder kann einsteigen.»

Der einzige Abend, an dem Paul Schuster nicht unentwegt leutselig war, war der Abend des 13. August, der erste Abend, an dem er einen Gast zum Essen eingeladen hatte.

«Übrigens, ich habe Evelina gesagt, daß wir heute zu dritt sind», hatte er gesagt, als sie von ihrem morgendlichen Ausflug zum Flughafen zurückkam. Evelina war das letzte noch verbliebene Mitglied des Küchenpersonals, eine mürrische

Frau, die hauptsächlich deswegen blieb, weil sie und ihre Enkelkinder mietfrei in einem Cottage hinter dem Waschhaus wohnen konnten. «Ein Bekannter von mir kommt vorbei, jemand, den Sie kennenlernen sollten.»

Sie hatte gefragt, wer das sei.

«So was wie ein berühmter Gastronom in der Gegend», hatte Paul Schuster gesagt.

Als sie kurz nach sieben herunterkam, sah Elena Paul Schuster mit einem älteren Mann draußen am leeren Pool sitzen, doch da die beiden in ein Gespräch vertieft schienen, ging sie auf die mit Fliegengitter abgeschirmte Veranda, wo Evelina bereits den Tisch deckte, und griff nach einer Zeitschrift.

«Nun kommen Sie schon aus Ihrem Versteck.» Paul Schusters Stimme klang herrisch. «Ich möchte Sie unserem Gast vorstellen.»

Als sie herausgekommen war, hatte der ältere Mann nur andeutungsweise den Hintern gelüpft und war dann wieder auf seinen Stuhl zurückgesunken, eine beinahe gespenstische Erscheinung in Espadrillen, ungebügelten Khakihosen und einem bis zum Hals zugeknöpften Seidenhemd.

«*Enchanté*», hatte er gemurmelt, mit rauher Stimme und unverkennbarem amerikanischem Akzent. «Bob Weir.»

«Offen gestanden überrascht es mich, daß Sie Bob nicht schon kennengelernt haben», sagte Paul Schuster in etwas scharfem Ton. «Bob hat es sich zur Aufgabe gemacht, wirklich allen Leuten übern Weg zu laufen. Eines Morgens taucht er hier auf, und schwuppdiwupp!, schon am selben Abend ist er der bekannteste Amerikaner auf der ganzen Insel.» Paul Schuster schnippte mit den Fingern. «Er hat damit schon angefangen, bevor er überhaupt durch den Zoll war. Kontakte, Kontakte. Meinen Sie nicht auch, Bob, daß das Ihr Erfolgsgeheimnis ist?»

«Kommen Sie zur Sache, wenn's geht», sagte Bob Weir.

Darauf trat ein Schweigen ein, und dann hörte Elena sich Bob Weir fragen, wie lange er schon hier sei.

Er hatte überlegt. «Schon eine Weile», sagte er schließlich.

Wieder trat ein Schweigen ein.

Sie war drauf und dran, ihn nach seinem Restaurant zu fragen, als er plötzlich zu sprechen anfing. «Ich glaube, ich habe Sie heute morgen am Flughafen gesehen», sagte er.

Sie sagte, sie sei jeden Morgen am Flughafen.

«Das ist gut», sagte Bob Weir.

Diese mysteriöse Bemerkung blieb in der Luft hängen.

Dann fiel ihr auf, daß Paul Schuster leicht nach vorn gebeugt dasaß, angespannt, wie erstarrt.

«Ich weiß nicht, ob *gut* der richtige Ausdruck ist», sagte sie mit einem bemühten kleinen Lachen à la Westlake Mom. «Das gehört einfach zu meinem Job.»

«Es ist gut», sagte Bob Weir. «Weil Sie morgen Paul mitnehmen können. Paul hat morgen vormittag etwas am Flughafen zu erledigen.»

«O nein», sagte Paul Schuster. Elena hatte den Eindruck, als wäre er körperlich vor etwas zurückgewichen. «Äh-äh. Ich komme nicht mit zum Flughafen.»

«Um zehn.» Bob Weir richtete diese Worte direkt an Elena, als hätte Paul Schuster gar nichts gesagt. «Paul muß um zehn dort sein.»

«Ich muß *nicht* um zehn dort sein», sagte Paul Schuster.

«Wir können hinfahren, wann immer Sie wollen», sagte Elena, um die Situation zu entschärfen.

«Paul muß um zehn dort sein», wiederholte Bob Weir.

«Lassen Sie mich ein paar unbequeme Wahrheiten loswerden», sagte Paul Schuster zu Bob Weir. «*Paul* muß überhaupt nicht dort sein. *Sie* wird dort sein, wenn und wann ich es ihr sage. Und glauben Sie mir, es gibt immer noch ein großes *Wenn* in dieser Situation, und dieses große *Wenn* ist *moi*.» Paul Schuster schnappte sich den leeren Punschkrug. «Und *wenn* sie dort ist, wissen Sie, wer mit ihr zusammen dort sein wird? Niemand. *Nul.* Punkt. Und jetzt lassen Sie uns einfach das Thema wechseln. Wir haben keinen Punsch mehr. Holen Sie Evelina.»

Elena stand auf und ging Richtung Veranda.

«Meiner persönlichen Meinung nach haben Sie weit weniger unbequeme Wahrheiten zu bieten, als Sie glauben», hörte sie Bob Weir zu Paul Schuster sagen.

«Ja, was sehe ich denn da auf der Veranda», hörte sie Paul Schuster in anklagendem Ton sagen. «Sehe ich etwa, daß Evelina schon den Tisch gedeckt hat?»

Elena blieb stehen. Der Zeitpunkt, zu dem das Dinner serviert wurde, und damit der Zeitpunkt, zu dem Evelina Feierabend machte und zurück zu ihren Enkelkindern in ihr Cottage ging, hatte in der letzten Woche bei Paul Schuster für leichte Verstimmung gesorgt, aber bisher war das Reizthema noch nicht offen angesprochen worden. Sie kam auf den Gedanken, daß das, was sie gerade miterlebte, vielleicht so etwas wie eine homosexuelle Panikreaktion war, daß Bob Weir vielleicht etwas wußte, was er nach Paul Schusters Empfinden besser nicht gewußt hätte.

«Evelina», rief er. «Komm mal her.»

Evelina war mit ausdrucksloser Miene erschienen.

«Ich hoffe doch sehr, daß du nicht vorhast, uns das Dinner vor Punkt halb neun unterzujubeln.»

Evelina hatte einfach nur dagestanden.

«Und wenn du mir jetzt wie üblich erzählen willst, daß der Fisch bis halb neun trocken sein wird», sagte Paul Schuster, «dann spar dir die Mühe. *Servier ihn erst gar nicht. Vergiß den Fisch. Pas de poisson.*»

Evelinas Augen huschten von Paul Schuster zu Elena.

«*Die* brauchst du gar nicht anzusehen», sagte Paul Schuster. «Die arbeitet hier nur. Die gehört nur zum Personal. So wie du bisher.» Paul Schuster hob den leeren Krug und reichte ihn Evelina. «Wenn du so nett wärst, ihn wieder aufzufüllen», sagte er, während er Richtung Haupthaus hochmarschierte, «ich werde derweil in der Stadt anrufen und den Lastwagen bestellen.»

Wozu der Lastwagen, hatte Evelina erst gefragt, als sie schon auf halbem Weg zur Küche war.

«Weil ich dich und deine verdammten Blagen noch heute abend von meinem Grundstück haben will», sagte Paul Schuster und ließ die Tür hinter sich zuknallen.

Elena schloß die Augen und versuchte, tief genug zu atmen, um den Knoten in ihrem Magen zu lösen. Sie konnte Paul Schuster drinnen singen hören, Bruchstücke aus *Carrousel*. In einem verschlossenen Rattanschrank in seinem Büro hatte er eine Sammlung von Broadway-Musicals stehen, alles Aufnahmen in Originalbesetzung, leiernde LPs in verschimmelnden Hüllen, schon so zerkratzt, daß er sie kaum abspielte, aber um so häufiger nachsang, alle Rollen und besonders gern die weniger bekannten Übergänge.

He's dead, Nettie, what am I going to do, hörte sie ihn in Sopran fragen.

Er schien ganz in der Nähe seines Büros zu sein.

Why, you're going to stay here with me, hörte sie ihn sich selbst in Altstimme antworten. *Main thing is to keep on living, keep on caring what's going to happen.*

Jetzt schien er in der Küche zu sein.

«Paul hat eine echte theatralische Begabung», hörte sie Bob Weir sagen.

Sie sagte nichts.

«‹*Neh-ver*, no *neh-ver* walk *ah-lone*›», sang Paul Schuster, als er zurückkam. Er trug einen vollen Krug Rumpunsch in der Hand. «Ende gut, alles gut. Wir *dinieren* um halb neun.»

«Vielleicht hätte ich das vorhin schon erwähnen sollen», sagte Bob Weir. «Ich bin nicht zum Essen gekommen.»

Elena sagte nichts.

«Ich lebe hier nun schon lange genug, um eines zu wissen», sagte Paul Schuster. «Nämlich daß man manchmal einfach hart bleiben muß. Hab ich nicht recht, Elise?»

Elena sagte, er habe vermutlich recht.

Paul Schuster nahm den Punschkrug und goß sich sein Glas voll.

Für mich bitte nichts mehr, sagte Elena.

Paul Schuster wirbelte zu Elena herum. «Wer hat Sie denn gefragt», sagte er.

«Sie treiben das Vieh direkt durch den Zaun», sagte Bob Weir zu Paul Schuster.

«Ich glaube, Sie müssen ganz schön blöd sein», sagte Paul Schuster zu Elena. Er stand direkt vor ihr, den Punschkrug in der Hand. «Sind Sie wirklich so blöd? Wie blöd sind Sie eigentlich? Sind Sie blöd genug, um einfach sitzen zu bleiben, während ich das hier mache?»

Sie sah gerade rechtzeitig zu ihm hoch, um den vollen Schwall aus dem Punschkrug in die Augen zu bekommen.

«Und da Sie das Vieh direkt durch den Zaun getrieben haben», hörte sie Bob Weir zu Paul Schuster sagen, «sollten Sie ihn verdammt noch mal auch wieder flicken.»

Sie war aufgestanden, noch während der klebrige Punsch ihr über Haare und Gesicht herabtropfte und ihre Augen von der Säure der Zitronen zu brennen anfingen, und in das leere Hotel und die Treppe hochgegangen. Das war der Abend, an dem sie in der verrosteten Badewanne die Dusche volle zehn Minuten lang über ihren Körper laufen ließ, trotz der Dürre und der leeren Zisterne und dem austrocknenden Brunnen. Es war auch der Abend, an dem sie Catherine in dem Haus in Malibu anrief und ihr sagte, sie werde versuchen heimzukommen, bevor die Schule losging.

«Was heißt heim», hatte Catherine mißtrauisch gefragt.

Ein Schweigen war eingetreten.

«Heim heißt, wo auch immer du bist», hatte Elena schließlich gesagt.

Nachdem sie aufgelegt hatte, stellte sie sich einen Stuhl ans Fenster, saß lange im Dunkeln und sah aufs Meer hinaus. Irgendwann hörte sie unten laute Stimmen und dann das Geräusch von Autos im Rückwärtsgang auf der kiesbestreuten Einfahrt.

Mehr als ein Auto.

Zwei Autos.

Paul Schuster war nach wie vor unten; sie konnte ihn hören. Was nur den Schluß zuließ, daß außer Bob Weir noch jemand vorbeigekommen war.

Sie sagte sich, daß Paul Schuster zuviel getrunken hatte und sich am nächsten Morgen bei ihr entschuldigen werde, daß die Sache mit dem Flughafen, worum auch immer es dabei gegangen sein mochte, eine Angelegenheit zwischen ihm und Bob Weir gewesen war, und die Tatsache, daß wer auch immer noch vorbeigekommen war, nachdem sie auf ihr Zimmer gegangen war, nichts mit ihr zu tun hatte, doch als sie morgens aufwachte, spielte sie sich im Geist die lauten Stimmen vor. In der Nacht hatte sie Bob Weirs und Paul Schusters Stimme gehört, aber erst als sie morgens aufwachte, konnte sie auch die dritte Stimme heraushören.

Nach meinen Informationen dürfte Dick McMahon kein Problem sein.

Ein Übergangsreisender. Geht uns nichts an.

Erst als sie die Stimme des Salvadorianers heraushören

konnte, begriff sie, daß sie sich woanders eine Unterkunft suchen mußte.

Irgendwo, wo der Flughafen kein Problem wäre.
Was auch immer das Problem war.
Irgendwo, wo der Salvadorianer nicht auftauchen würde.
Irgendwo, wo sie Paul Schuster nicht sehen müßte.
Irgendwo, wo er nicht herausfinden konnte, wer sie war.

Wenige Stunden später, als Treat Morrison in die Café-Bar des Intercon kam und Elena McMahon allein an dem runden Tisch sitzen sah, der für acht gedeckt war, gab es immer noch eine Reihe von Dingen, die sie nicht begriffen hatte.

Erstens hatte Elena McMahon nicht begriffen, daß Paul Schuster bereits wußte, wer sie war.

Paul Schuster hatte von Anfang an gewußt, wer sie war.

Sie war Dick McMahons Tochter.

Sie sollte als Strohmann für dieses Geschäft herhalten, weil Dick McMahon nicht mehr zur Verfügung stand.

Paul Schuster hatte dies gewußt, seit Bob Weir ihm aufgetragen hatte, sie einzustellen.

Ihn beauftragt hatte, sie einzustellen und jeden Morgen zum Flughafen zu schicken.

Sie jeden Morgen zum Flughafen zu schicken, um eine gewisse Routine zu etablieren.

Eine Routine, die sich mit Alex Brokaws allwöchentlicher Reise nach San José überschnitt.

Bis zu diesem Zeitpunkt hatte Paul Schuster immer getan, was Bob Weir ihm auftrug. Daß Paul Schuster immer getan hatte, was Bob Weir ihm auftrug (jedenfalls bis jetzt), lag daran, daß Bob Weir von gewissen kleineren Drogengeschäften wußte, in die Paul Schuster verwickelt gewesen war. Die Tatsache, daß Bob Weir davon wußte, hatte für Paul Schuster eine größere Bedeutung gehabt, als man vielleicht annehmen sollte, weil nämlich eine der Bundesbehörden, mit denen Bob Weir in Verbindung stand, die Drogenbekämpfungsbehörde war.

Und trotzdem.

Daß Bob Weir davon wußte, hatte zwar eine große Bedeutung für Paul Schuster, aber letzten Endes doch keine so große, daß er sich genötigt gesehen hätte, an diesem speziellen Morgen mit Elena McMahon zum Flughafen zu fahren.

Und glauben Sie mir, es gibt immer noch ein großes Wenn in dieser Situation, und dieses große Wenn ist moi.

Paul Schuster war vielleicht nicht der schlaueste Homo in der Gegend, aber bei ihm mußte man nicht erst mit dem Zaunpfahl winken.

Pas de Flughafen.

Was an diesem Morgen eigentlich am Flughafen hätte passieren sollen, gehörte ebenfalls zu den Dingen, die Elena McMahon nicht begriffen hatte.

Treat Morrison wußte da schon mehr.

Treat Morrison wußte zum Beispiel, daß «Bob Weir» der Name war, der in diesem Teil der Welt von einem Amerikaner verwendet wurde, der bei einer Wiedereinreise in die Vereinigten Staaten eine noch nicht verjährte Anklage wegen des Verstoßes gegen fünf Bundesgesetze im Zusammenhang mit dem Export von Waffen zu gewärtigen hatte. Treat Morrison wußte darüber hinaus, daß dieser Amerikaner, dessen richtiger Name laut Anklageschrift Max Epperson war, aus diesem und anderen Gründen de facto nicht wieder in die Vereinigten Staaten einreisen konnte.

Was Treat Morrison wußte, ging demnach erheblich über das hinaus, was Elena McMahon wußte, aber letztendlich wußte auch Treat Morrison nicht genug. Treat Morrison wußte beispielsweise nicht, daß Max Epperson alias «Bob

Weir» de facto doch wieder in die Vereinigten Staaten eingereist war, und zwar vor relativ kurzer Zeit.

Max Epperson war, was übrigens kein allzu ungewöhnlicher Vorgang ist, «schwarz» in die Vereinigten Staaten wieder eingereist – er hatte zeitig geheime Vorkehrungen getroffen, um die regulären Einreisekontrollen zu umgehen.

Max Epperson war zunächst zu Beginn des Frühjahrs 1984 und dann ein weiteres Mal im Juni 1984 wieder in die Vereinigten Staaten eingereist, ohne die Einreisekontrollen zu passieren, beim ersten Mal mit einem Militärflugzeug, das auf dem Luftwaffenstützpunkt Homestead südlich von Miami landete, und beim zweiten Mal mit einem Transportflugzeug nach Grand Cayman und von dort aus mit einem Schiff der US-Küstenwache zum Hafen von Miami. Die erste Wiedereinreise hatte eigens zu dem Zweck stattgefunden, ein bestimmtes Geschäft mit einem langjährigen Partner zu vereinbaren. Die zweite Wiedereinreise hatte eigens zu dem Zweck stattgefunden, diese geschäftliche Vereinbarung zu bestätigen.

Sicherzustellen, daß dieses Geschäft pünktlich und wie vereinbart über die Bühne gehen würde.

Sicherzustellen, daß die Abwicklung dieses Geschäfts kein Hintertürchen für Abweichungen von der vorgesehenen Linie offenlassen würde.

Dick McMahon noch einmal auf diese Linie einzuschwören.

Max Eppersons langjährigen Partner.

Max Eppersons alten Freund.

Wer braucht schon die Schieber, wir lassen hier unsere eigene Show laufen.

Max Eppersons Hintermann bei zahllosen Geschäften, einschließlich solchen, derentwegen er eine Anklage zu gewärtigen hatte.

Jemand müßte mal Tacheles mit Epperson reden, hatte Dick McMahon an dem Morgen im Jackson Memorial zu Elena gesagt. *Epperson könnte den ganzen Deal vermasseln, Epperson ist doch vom Mond, hat keinen blassen Schimmer von dem Geschäft, in dem er mitmischt.*

Sie werden selbst schon daran gedacht haben, daß Max Epperson, um auf diese Weise in die Vereinigten Staaten wieder einreisen zu können, mit einer Behörde zusammenarbeiten mußte, die ermächtigt war, verdeckte Operationen durchzuführen. Treat Morrison zufolge hätte Max Epperson selbstverständlich mit einer Behörde zusammenarbeiten können, die ermächtigt war, verdeckte Operationen durchzuführen. Natürlich wäre Max Epperson zu dem Zeitpunkt, wo ein Gerichtsverfahren wegen illegalen Waffenexports gegen ihn eingeleitet würde, in einen professionellen Informanten verwandelt worden, einen bezahlten Mitarbeiter. Die Verwandlung von Max Epperson in den professionellen Informanten «Bob Weir» wäre denn auch der eigentliche Zweck der Einleitung eines Strafverfahrens gewesen. Dies war eine Gleichung, die Treat Morrison, zerstreut oder nicht, im Schlaf hätte aufstellen können. Und so bestand der Fehler in Treat Morrisons Berechnungen nur darin, daß er nicht miteinbezog, inwieweit die Tatsache, daß er Elena McMahon in der Café-Bar des Intercon gesehen hatte, diese Gleichung modifizieren würde.

Sie würde immer noch der Strohmann sein, aber Alex Brokaw würde nicht mehr das Ziel sein.

Ich bin mir nicht sicher, in welchem Geschäft Epperson mitmischt, hatte sie an dem Morgen im Jackson Memorial zu ihrem Vater gesagt.

Ja, Herrgott noch mal, wo die Brüder halt alle mitmischen, hatte ihr Vater zu ihr gesagt.

FÜNF

1

Wenn ich heute auf das zurückblicke, was passiert ist, sehe ich hauptsächlich Fragmente aufblitzen, flüchtige Trugbilder, bei denen sich jeder auf ein anderes Detail konzentrierte und niemand das Ganze sah.

Ich war erst zwei Tage dagewesen, als es passierte.

Treat Morrison hatte nicht gewollt, daß ich überhaupt hinkam.

Bevor er Washington verließ, hatte ich ihm gesagt, ich müsse, um das Porträt schreiben zu können, das ich schreiben wollte, ihn unbedingt in Aktion sehen, *in situ*, ihn dabei beobachten, wie er in eine bestimmte Art von Situation einstieg. Zu der Zeit schien er Sinn und Zweck eines solchen Besuchs durchaus anzuerkennen, doch diese Anerkennung galt, wie ich schnell herausfinden sollte, nur prinzipiell.

Nur abstrakt.

Nur bis er dort ankam.

Als ich anrief, um ihm zu sagen, daß ich käme, reagierte er zwar nicht abweisend, aber auch nicht übermäßig erfreut.

Eigentlich stellt sich so langsam heraus, daß die Dinge noch im Fluß seien, sagte er bei diesem Telefonat.

Eigentlich könne er nicht abschätzen, wie lange er dableiben werde.

Eigentlich werde er ganz schön beschäftigt sein, falls er überhaupt dableiben sollte.

Eigentlich könnten wir in Washington verdammt viel produktiver arbeiten.

Ich unternahm einen Versuch, die festgefahrene Situation zu retten.

Zu der Zeit besaß ich zufällig ein paar Aktien von Morrison Knudsen, und erst kürzlich, nach Erhalt des Jahresberichts, in dem die Rolle von Morrison Knudsen bei einer neuen, noch im Bau befindlichen Landeeinrichtung auf der Insel erwähnt wurde, war mir in den Sinn gekommen, daß diese ansonsten so uninteressante Insel, auf die Treat Morrison so plötzlich verschwunden war, vielleicht demnächst ein neues Ilopango werden würde, ein neues Palmerola, eine Art Bereitstellungsraum für die nächste Etappe des Krieges, den wir nicht führten.

Ich sah auf die Uhr und fragte Treat Morrison dann nach der Landeeinrichtung.

Er schwieg genau sieben Sekunden lang, die Zeitspanne, die er brauchte, um abzuschätzen, daß ich dort auf der Insel weitaus berechenbarer wäre, als wenn man mich hier mit meinen Jahresberichten allein lassen würde.

Was soll's, sagte er dann. Es ist Ihr Ticket, dies ist ein freies Land, also tun Sie, was Sie wollen.

Was ich nicht wußte, selbst als ich schon vor Ort war, war, daß er sich nicht aus professionellen Gründen gegen meinen Besuch gesträubt hatte, sondern aus privaten: Treat Morrison hatte es noch am Tag seiner Ankunft geschafft – obwohl dies nur wenige Leute in der Botschaft wußten –, mit der Frau in Kontakt zu kommen, die er acht Stunden zuvor in der Café-Bar des Intercon gesehen hatte. Zwei Stunden danach wußte er schon genug über ihre Situation, um den Anruf nach Washington zu tätigen, der dafür sorgte, daß schon am nächsten Tag ein DIA-Agent heruntergeflogen kam.

Das war der Unterschied zwischen ihm und den Harvard-Typen. Er konnte zuhören.

2 Ich habe keine Ahnung, was in ihr vorging, als sie ihm sagte, wer sie war.

Was sie ohne Umschweife tat. Freiwillig.

Sie sei nicht Elise Meyer, sie sei Elena McMahon.

Sie sagte ihm dies kaum eine Minute nachdem sie an diesem Abend mit ihm auf sein Zimmer gekommen war.

Vielleicht kannte sie ihn ja aus Washington, vielleicht dachte sie, er könnte sie aus Washington kennen, vielleicht hatte sie zu lange wie ein wildes Tier gelebt, immer auf der Hut, immer auf dem Sprung.

Vielleicht sah sie ihn einfach an und vertraute ihm.

Denn Sie können mir glauben: In diesem speziellen Moment hatte Elena McMahon keinen speziellen Grund, einem völlig Fremden, der *aus Gründen, die sie nicht kannte*, in der Lobby des Intercon an sie herangetreten war, das zu sagen, was sie niemandem sonst gesagt hatte.

Ich meine, sie ahnte ja nicht einmal, was passiert wäre, wenn sie an diesem Morgen um zehn am Flughafen gewesen wäre: nämlich daß Alex Brokaw an diesem Abend tot gewesen wäre.

Natürlich war Alex Brokaw um zehn am Flughafen, weil er seinen wöchentlichen Flug nach San José verschoben hatte, um Treat Morrison zu briefen.

Natürlich war Alex Brokaw an diesem Abend noch am Leben, weil Dick McMahons Tochter nicht am Flughafen gewesen war.

Natürlich.

Wir wissen das heute, aber sie wußte es nicht.

Was wußte sie schon.

Sie wußte nicht, daß der Salvadorianer, dessen Stimme sie erst wieder in der Nacht zuvor gehört hatte, die vermittelnde Stimme in dem für sie nicht nachvollziehbaren Streit zwischen Paul Schuster und Bob Weir, niemand anders war als Bob Weirs alter Freund aus San Salvador, Colonel Álvaro García Steiner.

Ich passe, hatte Paul Schuster immer wieder gesagt. *Nicht mit mir, ich passe.*

Sie haben ein Problem, hatte Bob Weir immer wieder gesagt.

Es gibt kein Problem, hatte der Salvadorianer immer wieder gesagt.

Sie wußte nicht einmal, daß Paul Schuster an diesem Morgen in seinem Büro im Surfrider tot aufgefunden worden war. Laut örtlicher Polizei, die übrigens zu der Zeit genau dasselbe Antiterrortraining bei Colonel Álvaro García Steiner absolvierte, das Colonel Álvaro García Steiner bei den Argentiniern absolviert hatte, gab es keinerlei Beweise dafür, daß während der Stunden unmittelbar vor oder nach seinem Tod eine zweite Person in seinem Büro gewesen war. Die toxikologische Untersuchung ergab eine Überdosis Secobarbital.

Als Treat Morrison an diesem ersten Abend gegen sieben von der Botschaft ins Intercon zurückkam, da entdeckte er die Frau wieder, die er am Morgen in der Café-Bar gesehen hatte.

Er hatte sich an der Rezeption abgeholt, was an Nachrichten für ihn hinterlassen worden war, und wollte gerade auf sein Zimmer gehen.

Es hatte so ausgesehen, als würde sie den Empfangschef bestürmen, ihr ein Zimmer zu geben.

Leider nichts zu machen, hatte der Empfangschef immer wieder gesagt. Wir sind zu einhundertzehn Prozent ausgebucht.

Ich habe schon etwas gefunden, wo ich morgen einziehen kann, hatte sie immer wieder gesagt. Ich brauche doch nur etwas für die eine Nacht. Ich brauche nur eine Kammer. Ich brauche nur ein Klappbett in einem Büro.

Einhundertzehn Prozent ausgebucht.

Natürlich griff Treat Morrison ein.

Natürlich sagte er dem Empfangschef, er solle zwei US-Government-Buchungen zusammenlegen, ein Zimmer für sie frei machen.

Er hatte mehr als einen Grund dafür, ein USG-Zimmer für sie frei machen zu lassen.

Er hatte allen Grund dazu, ein USG-Zimmer für sie frei machen zu lassen.

Er wußte bereits, daß sie am 2. Juli mit einem offensichtlich gefälschten Paß auf den Namen Elise Meyer auf der Insel angekommen war. Er war bereits über den Fortgang der laufenden Ermittlungen gebrieft worden, durch die festgestellt werden sollte, wer diese Elise Meyer war und was sie dort zu tun hatte. Es verstand sich von selbst, daß er dem Empfangschef sagte, er solle ein Zimmer für sie frei machen. Und es verstand sich auch von selbst, daß er ihr vorschlug, mit ihm auf einen Drink in die Bar zu gehen, während der Empfangschef die Umbuchung vornahm.

Sie hatte eine Coca-Cola bestellt.

Er hatte einen Early Times mit Soda bestellt.

Sie dankte ihm für sein Eingreifen.

Sie sagte, sie habe auf der windwärts gelegenen Seite der Insel gewohnt und den ganzen Tag nach einer neuen Unterkunft gesucht und auch eine passende gefunden, könne diese aber erst am nächsten Tag beziehen.

Es ginge wirklich nur um die eine Nacht.

Das könne sie ihm versprechen.

Kein Problem, sagte er.

Sie sagte nichts.

Sie sagte überhaupt nichts mehr, bis die Getränke kamen, schien sich auf eine Art in sich zurückgezogen zu haben, die ihn an Diane erinnerte.

An Diane, als sie krank war.

Nicht an Diane, wie sie vorher gewesen war.

Als die Getränke kamen, zog sie die Papierhülle von einem Strohhalm ab, steckte den Strohhalm zwischen die Eiswürfel und trank dann das Glas halb aus, ohne es anzuheben.

Er beobachtete sie dabei und stellte fest, daß er nichts zu sagen wußte.

Sie sah ihn an.

«Mein Vater hat immer Early Times getrunken», sagte sie.

Er fragte sie, ob ihr Vater noch lebte.

Darauf war ein Schweigen eingetreten.

«Ich muß allein mit Ihnen sprechen», hatte sie schließlich gesagt.

Wie schon gesagt.

Ich habe keine Ahnung.

Vielleicht vertraute sie ihm an, wer sie war, weil er Early Times bestellt hatte. Vielleicht sah sie ihn an und sah den Nebel von den Farallons, vielleicht sah er sie an und sah die heiße Wüstendämmerung. Vielleicht sahen sie einander an und wußten, daß nichts, was sie tun konnten, mehr Gewicht haben würde als das leiseste Beben der Erde, das unsichtbare Beben des Pazifiks in seinem Becken, die schweren

Schneefälle, die die Gebirgspässe versperrten, die Klapperschlangen im trockenen Gras, die Haie im tiefen kalten Wasser des Golden Gate.

Also.

Also doch eine Liebesgeschichte.

Noch eine Liebesgeschichte.

3 Kürzlich habe ich versucht, mit Mark Berquist über das zu sprechen, was dort auf der Insel passiert war.

Ich kenne ihn flüchtig, heutzutage kennt jeder Mark Berquist.

Jüngstes Mitglied des jüngsten Jahrgangs, der je in den Senat der Vereinigten Staaten gewählt wurde. Der Jahrgang, der den Capitol Hill im Laufschritt eroberte, zielbewußt, rücksichtslos und hungrig nach Macht. Autor von *Die Zwänge der Verfassung: Wessen Rechte stehen an erster Stelle?*. Schlagzeilenmacher, zuverlässiger Diskussionsgegner bei den Sonntagsshows, meistgewünschter Redner im 25 000-Dollar-plus-Spesen-Club.

Wo seine Äußerungen von den Medien regelmäßig aus dem Zusammenhang gerissen wurden.

So regelmäßig, informierte mich sein Büroassistent, daß der Senator verständlicherweise seine Bedenken hatte, Anrufe von Medienleuten zu erwidern.

«Warten Sie einen Moment», sagte er, als ich es endlich schaffte, ihn auf dem Flur vor einem Hearing abzupassen, weil die Fernsehcrews, die ihm normalerweise als Schutzschild dienten, kurzzeitig abgelenkt waren durch das Gerücht, die Präsidentengattin habe soeben gemeinsam mit Robert Redford die Rotunda betreten. «Ich gebe den Medien nur Hintergrundinformationen.»

Ich sagte, Hintergrundinformationen seien alles, was ich haben wolle.

Ich sagte, ich versuchte soviel wie möglich über einen gewissen Zwischenfall zusammenzutragen, der sich 1984 ereignet hatte.

Mark Berquists Augen flackerten mißtrauisch. 1984 hatte für ihn mit dem Abschluß der Legislaturperiode jenes Jahres geendet und war jetzt so weit weg wie der Kontinentalkongreß. 1984 zur Sprache zu bringen deutete an, daß die Vergangenheit Konsequenzen hatte, was *in situ* als keine konstruktive Einstellung galt. Diese unausgesprochene Andeutung von Konsequenzen war sogar derart unvorstellbar, daß Mark Berquist sich genötigt sah, eine breitangelegte Abwehrstellung zu beziehen.

«Falls das hier irgend etwas mit der Finanzierung der 1984er Wiederwahlkampagne zu tun hat, dann können Sie's gleich abhaken und vergessen», sagte Mark Berquist. «Weil – und ich darf Ihnen versichern, daß das alles von A bis Z dokumentiert ist – ich erst nach der zweiten Amtseinführung des Präsidenten in die Exekutive gewechselt bin.»

Ich sagte, die Wiederwahlkampagne sei eigentlich nicht das Thema, um das es mir ginge.

Das Thema, um das es mir ginge, sei vielmehr die Nachschubförderung für die nicaraguanischen Contra-Streitkräfte.

«Zum ersten ist der Ausdruck ‹Contra-Streitkräfte› sachlich völlig unzutreffend», sagte Mark Berquist. «Zum zweiten ist der Ausdruck ‹Nachschubförderung› sachlich völlig unzutreffend.»

Ich bemerkte, daß sowohl «Contra» als auch «Nachschubförderung» für die fraglichen Kräfte und Ereignisse zwischenzeitlich mehr oder minder in den allgemeinen Sprachgebrauch übergegangen seien.

«Es würde mich außerordentlich interessieren, schriftliches Material einzusehen, in dem der eine oder andere Terminus verwendet wird», sagte Mark Berquist.

Ich bemerkte, daß er derartiges Material sehr leicht einsehen könne; dazu müsse sein Büro nur die Regierungsdruckerei anrufen und den *Report of the President's Special Review Board* vom Februar 1987, den *Report of the Congressional Committees Investigating the Iran-Contra Affair* vom November 1987 und den *Final Report of the Independent Counsel for Iran/Contra Matters* vom August 1993 anfordern.

Darauf trat ein Schweigen ein.

«Hinsichtlich dieser Angelegenheiten hat es doch schon genügend Desinformation und Agitprop gegeben», sagte Mark Berquist dann. «Und ich habe nicht die Absicht, dazu beizutragen. Trotzdem. Lassen Sie mich nur soviel sagen, daß jeder, der die Ausdrücke verwendet, die Sie eben verwendet haben, damit eigentlich nur seine Ignoranz verrät. Und so etwas Ignoranz zu nennen heißt in diesem Zusammenhang, gute Miene zum bösen Spiel zu machen. Weil es eigentlich etwas noch Schlimmeres ist.»

Ich fragte, was es eigentlich sei.

«Die schlimmste Art von politischem Vorurteil. Und genau das haben die Medien nie begriffen.» Er sah den Flur entlang, als suchte er nach seiner Presseeskorte, und dann auf seine Uhr. «Na schön, eine letzte Frage. Schießen Sie los.»

«Darf ich Sie zitieren», sagte ich – reiner Reflex, da es mich wirklich nicht interessierte, ob seine Antwort nun offiziell oder inoffiziell war.

«Ein klares Nein. Sie haben die Spielregeln akzeptiert. Nur Hintergrundinformationen.»

Ob seine Antwort nun offiziell oder inoffiziell sein würde, interessierte mich deshalb nicht, weil Mark Berquist mir ohnehin nie im Leben das eine erzählen würde, was ich wirklich von ihm wissen wollte.

Ich wollte von Mark Berquist nicht etwa wissen, ab welchem Moment das Ziel nicht mehr Alex Brokaw gewesen war: Das Ziel war ab dem Moment nicht mehr Alex Brokaw gewesen, als Elena McMahon aus dem Surfrider auszog, nicht zum Flughafen fuhr, sich nicht mehr nahe genug an Alex Brokaw plazieren ließ. Ich wollte von Mark Berquist nur das eine wissen: ab genau welchem Moment er *gewußt* hatte, daß das Ziel nicht mehr Alex Brokaw war, sondern Treat Morrison.

Das fragte ich Mark Berquist.

Letzte Frage. Schießen Sie los.

Mark Berquists Antwort lautete: «Wie ich sehe, haben Sie sich total in eine dieser krankhaften Verschwörungsphantasien verstiegen, die, wie ich Ihnen versichern darf, voll und ganz widerlegt worden sind, und nicht nur einmal, sondern viele, viele Male. Und ich sag's noch einmal, diese Art von Verunglimpfung krankhaft zu nennen heißt, gute Miene zum bösen Spiel zu machen.»

Auch hier wieder ausufernde Metaphern.

Alles inoffiziell.

4 Als die Zeit gekommen war, ging alles sehr schnell zu Ende. Die letzten neun der zehn Tage nach seiner Ankunft auf der Insel hatten sie sich in ihrem neuen Quartier getroffen, einem anonymen Motel mit einheimischem Besitzer – keine Kette, die Ketten waren schon voll belegt mit USG-Personal –, einem zweigeschossigen Bau nahe dem Flughafen, der so unauffällig war, daß man zehnmal am Tag zum Flughafen hätte fahren können, ohne ihn überhaupt zu bemerken.

Das Aero Sands Beach Resort.

Das Aero Sands stand auf einem kleinen Kliff zwischen der Schnellstraße und dem Strand, der strenggenommen kein Strand war, sondern ein Streifen Meeresboden, den man mit Geröll aufgeschüttet hatte, um das Kliff vor weiterer Erosion zu schützen, und der bei Flut überspült wurde. Hinter dem südlichen Ende des Kliffs, direkt vor dem Aero Sands, schlängelte sich die Schnellstraße zum Meer hinab, zum nördlichen Ende hin, aber keine dreihundert Schritte vom Aero Sands entfernt gab es ein kleines Einkaufszentrum, einen Lebensmittelladen, eine Spirituosenhandlung, eine Videothek und einen Großhandel für Sportartikel und Autoersatzteile, und genau da, auf dem Parkplatz dieses Einkaufszentrums, ließ Treat Morrison seinen Wagen stehen.

Er hatte alles genau abgecheckt.

Sein Wagen sollte nicht auf dem Parkplatz des Aero Sands

zu sehen sein, und er würde sich hüten, ihr Zimmer durch die vordere, allen Blicken ausgesetzte Tür zu betreten.

Er wählte den Weg zum Aero Sands, auf dem er den besten Überblick und genügend Zeit hatte, jede Abweichung vom Normalen zu registrieren, ob das nun eine offizielle Observation sein mochte oder das Erscheinen von jemandem, der ihn vielleicht erkennen könnte – alles, was ihm ungewöhnlich vorkam.

Am ersten der neun Tage, an denen Treat Morrison zum Aero Sands kam, brachte er den DIA-Agenten mit, der ihre Aussage zu Protokoll nahm und anschließend direkt nach Washington zurückflog – vom Flughafen zum Aero Sands zum Flughafen, ohne jeden Kontakt mit der Botschaft.

An den folgenden Tagen kam Treat Morrison allein zum Aero Sands.

Ein paar Minuten vor der vereinbarten Zeit seiner Ankunft öffnete sie ihre hintere Zimmertür, eine Schiebetür aus Glas, und ging hinaus zu dem betonierten Poolbereich auf der Rückseite des Motels. An einer bestimmten Stelle hinter dem kleinen Pool konnte sie im Norden ein Stück des Weges über das Kliff sehen, und sie sah jedesmal in die Richtung, immer in der Hoffnung, er käme früher, aber das tat er nie. Sie nickte der Frau zu, die jeden Abend einen alten Mann im Rollstuhl und dazu ein Baby im Kinderwagen um den Pool herumschob. Dann ging sie weiter, die zwölf wackligen Holzstufen hinab zum sogenannten Strand. Und dort, unter freiem Himmel zwischen Kliff und Wasser, wartete Elena McMahon an einer Stelle, wo Treat Morrison sie schon von weitem sehen konnte.

Wie er es ihr aufgetragen hatte.

Denn er glaubte doch, daß er sie beschützte.

Das glaubte er noch bis genau um neunzehn Uhr zwanzig am Abend seines zehnten Tages auf der Insel, des Tages übrigens, an dem er die letzten Vorbereitungen getroffen hatte, um sie in die Vereinigten Staaten zurückzubringen, sie schwarz reinzubringen, via DIA, und die ganze verdammte Situation in Washington klären zu lassen, bis zu dem Moment also, als es passierte.

Als es vorbei war – alles, auch der Flug nach Miami, auf dem er nicht ganz bei sich gewesen war, und die Operation und die Intensivstation –, als er dann irgendwann allein in einem privaten Einzelzimmer im Jackson Memorial war, fiel Treat Morrison der Mann auf dem Kliff ein, den er auf seinem Weg vom Einkaufszentrum überholt hatte, auf dem Weg zu der Stelle am Strand, wo er sie schon sehen konnte.

Nichts an dem Mann auf dem Kliff war ihm ungewöhnlich vorgekommen.

Überhaupt nichts.

Nichts an dieser Begegnung hatte ihn an eine offizielle Observation denken lassen, nichts hatte ihn auf den Gedanken gebracht, daß es jemanden geben könnte, der ihn erkannt hatte und dadurch Elena seinem Schutz entziehen konnte.

Nichts.

Er hatte sie schon am Strand sehen können.

Sie hatte dasselbe weiße Kleid getragen wie am ersten Tag in der Café-Bar des Intercon.

Sie hatte aufs Wasser hinausgesehen.

Sie hatte das Meeresleuchten draußen am Riff betrachtet.

Der Mann auf dem Kliff hatte sich gebückt, sich die Schnürsenkel zugebunden, und dadurch sein Gesicht verdeckt.

Es war Vollmond, und das Gesicht des Mannes war nicht zu sehen gewesen.

Daß das Gesicht des Mannes nicht zu sehen gewesen war, wurde Treat Morrison natürlich erst im nachhinein bewußt, zu einem Zeitpunkt, als der Mann auf dem Kliff nichts mehr zur Sache tat, da laut FBI wie auch der örtlichen Polizei, die wegen einer Rauschgiftsache, die in keinerlei Zusammenhang mit dem Zwischenfall stand, das Aero Sands schon die ganze Woche lang observiert hatte, unverzüglich und unstreitig festgestellt worden war, daß der Mann auf dem Kliff, falls es diesen Mann überhaupt gegeben hatte, nicht der verhinderte Mörder war.

Daß dies unverzüglich und unstreitig festgestellt werden konnte, lag daran, daß die örtliche Polizei, die zufällig an Ort und Stelle gewesen war, es geschafft hatte, den verhinderten Mörder gleich dort am Strand zu erschießen. Es war eine Sie, und ihr Kleid war schon rot von Blut, bevor sie ihr Magazin geleert hatte.

Was Treat Morrison am meisten zusetzte, war nicht nur der Mann auf dem Kliff.

Was ihm noch mehr zusetzte, was ihm schon zugesetzt hatte, als der Anästhesist ihn aufforderte, von hundert an rückwärts zu zählen, was ihm in dem privaten Einzelzimmer im Jackson Memorial so sehr zusetzte, daß der Arzt zusätzliche Sedierung per Tropf anordnete, war der Fakt, daß er während der neun Tage davor das Aero Sands zu allen möglichen Tages- und Nachtzeiten abgecheckt hatte, von jedem möglichen Blickwinkel aus und mit jedem möglichen Szenario im Kopf, und sich doch nicht erinnern konnte, während dieser guten Woche zu irgendeinem Zeitpunkt die örtliche Polizei gesehen zu haben.

Die so zufällig an Ort und Stelle gewesen war.

Was den Schluß nahelegte, daß sie überhaupt nicht dagewesen war.

Was den Schluß nahelegte, daß sie, falls sie überhaupt dagewesen war, nur in einem ganz bestimmten Moment dagewesen war, nur in dem Moment, als sie gebraucht wurde.

Eine Schlußfolgerung, die nirgendwohin führte, da Elena ja tot war.

Ich meine, Sie könnten es sich ausrechnen, aber was bringt das.

So lauteten Treat Morrisons letzte Worte zu diesem Thema.

Ich meine, das bringt sie doch auch nicht zurück.

5

Amerikanerin in Attentatsversuch verwickelt – unter dieser Überschrift erschien die erste AP-Story im *Miami Herald*, dem einzigen Blatt, in dem ich sie anfangs überhaupt zu lesen bekam. Ich erinnere mich, daß ich die Story im Aufzug des Krankenhauses gelesen habe, in dem es schließlich gelang, Treat Morrison soweit zu stabilisieren, daß er nach Miami ausgeflogen werden konnte. Es war der *Herald* vom selben Tag, den man nirgendwo anders als in der Botschaft bekam und den Alex Brokaws Gesandter im Wartezimmer hatte liegenlassen, als der Hubschrauber eintraf, der Treat Morrison zum Flughafen transportieren sollte.

Colonel Álvaro García Steiner war ebenfalls im Wartezimmer gewesen und hatte von seinem Platz auf einem durchgesessenen Sofa aus äußerst wachsam zugesehen, wie der örtliche Polizeisprecher von einem Fernsehsender aus San José interviewt wurde.

Die Zeitung lag auf einem spritzgegossenen Plastikstuhl und war auf der Seite mit der AP-Story aufgeschlagen.

Ich hob die Zeitung auf, schaute dabei über Colonel Álvaro García Steiners Kopf hinweg aus dem Fenster und sah, wie der Hubschrauber sich vom Rasen erhob.

Dann ging ich zum Aufzug, stieg ein und begann die Story zu lesen, während der Aufzug abwärts fuhr.

Als der Aufzug im zweiten Stock hielt, wo jemand zustieg, stieß ich auf den Namen der Amerikanerin, die in den Attentatsversuch verwickelt war.

Oscarverleihung, zweieinhalb Jahre zuvor.
Unsere letzte persönliche Begegnung.
War angeblich unter dem Namen Elise Meyer gereist.
Wie jedoch aus Botschaftskreisen bestätigt wurde, lautete ihr tatsächlicher Name Elena McMahon.
Meldungen, nach denen die mutmaßliche Attentäterin Waffen und Hilfsgüter an die sandinistische Regierung in Nicaragua geliefert hatte, wurden nicht bestätigt.
Bis zum nächsten Tag, als Bob Weir sich in der Lage sah, die Frachtpapiere vorzulegen, die die Lieferungen aufführten, die genau mit dem Inventar eines kürzlich entdeckten und konfiszierten geheimen Waffenlagers übereinstimmten.
Ebenso zufällig.
Da die Meldungen, nach denen die mutmaßliche Attentäterin Waffen und Hilfsgüter an die sandinistische Regierung in Nicaragua geliefert hatte, durch ebendiese Frachtpapiere bestätigt wurden.
Die Meldungen, die durch die Entdeckung von sandinistischem Propagandamaterial in zwei ineinandergehenden Zimmern des Surfrider-Hotels, die die mutmaßliche Attentäterin bis vor kurzem bewohnt hatte, zusätzlich erhärtet wurden.
Unverzüglich und unstreitig bestätigt.
Unverzüglich und unstreitig erhärtet.
Was natürlich die Hauptaussage der zweiten AP-Story war.

6   Stellen Sie sich vor, wie es zu Ende ging.

Sie kommt aus dem Aero Sands.

An der einen Stelle, direkt hinter dem Pool, wo sie ein Stück des Weges über das Kliff sehen kann, sieht sie hoch.

Sie sieht nicht Treat Morrison.

Sie geht vorbei an der Frau, die den alten Mann im Rollstuhl und das Baby im Kinderwagen schiebt, und sie nickt den dreien zu, und das Baby dreht den Kopf, um sie anzuschauen, und der alte Mann tippt an seinen Hut, und sie erreicht die letzte der wackligen Holzstufen, die zum Strand führen, bevor sie merkt, daß da ein Mann auf dem Kliff gewesen ist und daß sie den Mann schon einmal gesehen hat.

Ihr Bewußtsein registriert nicht einmal, daß da ein Mann auf dem Kliff gewesen ist, sondern nur, daß sie ihn schon einmal gesehen hat.

Den Mann mit dem Pferdeschwanz auf dem Kliff.

Den Mann auf dem Rollfeld in Costa Rica.

Ich sollte wirklich mal wieder für ein, zwei Tage in Josie vorbeischauen.

Falls jemand fragt, dann sagen Sie, daß Sie auf Mr. Jones warten.

Sie tun gar nichts. Was ich tue, geht Sie nichts an.

Die visuelle Wahrnehmung dieses Mannes war nicht in ihr Bewußtsein vorgedrungen, aber irgend etwas an dieser visuellen Wahrnehmung hatte alles Folgende kaum merklich verlangsamt, von vierundzwanzig Bildern pro Sekunde auf zwanzig Bilder pro Sekunde. Das Baby hatte den Kopf zu langsam gedreht.

Wie in unserer Todesstunde.

Der alte Mann im Rollstuhl hatte die Hand zu langsam zum Hut gehoben.

Wie in unserer Todesstunde.

Sie wollte nicht zurückschauen, tat es aber dann doch.

Als sie die Schüsse hörte.

Als sie Treat Morrison fallen sah.

Als sie den Mann auf dem Kliff zu ihr herumschwingen sah.

Irgendwann erwischt es doch jeden, so oder so.

7 Nach den zwei AP-Storys war die Story vorbei, aus und vorbei. Sang- und klanglos.

Runter von den Bildschirmen.

Daß es nie zu den geplanten politischen Konsequenzen kam, war rückblickend ein Beweis dafür, daß Treat Morrison sein Spiel wohl doch nicht ganz verloren hatte.

«Ich meine, es war alles so falsch», sagte er zu mir. «Es hätte dem Land einfach so geschadet.»

Ich deutete an, daß er es nicht für das Wohl des Landes getan hatte.

Ich deutete an, daß er es für sie getan hatte.

Er vermied es, mich direkt anzusehen. «Es war alles so falsch», wiederholte er.

Nur einmal, etwa ein Jahr später, wäre Treat Morrison beinahe zusammengebrochen.

Dieser Beinahe-Zusammenbruch manifestierte sich in einer so absehbaren Weise, daß ich mir nicht einmal Notizen darüber machte, was er sagte. Ich erinnere mich, daß er wieder davon sprach, wie zerstreut er gewesen sei, ich erinnere mich, daß er wieder davon sprach, wie schlecht er sich konzentriert habe, und ich weiß auch noch, daß er wieder von diesem blöden Knaben sprach, der sich sonst überhaupt nicht in den Flieger nach Süden gesetzt hätte.

Verdammt, hatte er immer wieder gesagt.

Da denkt man, man hätte alles voll im Griff, und dann muß man feststellen, daß man verdammt noch mal nichts im Griff hat.

Denn glauben Sie mir, was dabei herausgekommen ist, war wirklich verdammt schlimm.
Das letzte, was Sie gewollt hätten.
Wenn Sie an meiner Stelle gewesen wären.
Was natürlich unmöglich ist.
Obwohl Sie es nur dann wirklich verstehen könnten.
Ich meine, Sie könnten es sich ausrechnen, aber was bringt das.
Ich meine, es bringt sie doch auch nicht zurück.
Das sagte Treat Morrison zu mir.
Als wir zum allerletzten Mal miteinander sprachen.

8 Treat Morrison starb vier Jahre später, mit neunundfünfzig Jahren, auf der Fähre von Larnaca nach Beirut, an einer Gehirnblutung. Als ich davon erfuhr, fiel mir ein Artikel von J. Anthony Lukas ein, der in der *New York Times* erschienen war, ein Artikel über eine Konferenz, gesponsert von der John F. Kennedy School of Government in Harvard, zu der sich acht Mitglieder der Kennedy-Regierung in einem alten Kurhotel in den Florida Keys trafen, um die Kubakrise von 1962 aus dem zeitlichen Abstand heraus neu zu bewerten.

Das Hotel war rosa.

Aus der Karibik nahte ein winterlicher Sturm.

Theodore Sorensen schwamm mit den Delphinen. Robert McNamara äußerte sein Erstaunen darüber, daß der Oberbefehlshaber des strategischen Luftwaffenkommandos die DEFCON2-Alarmbereitschaftsanweisungen unverschlüsselt gesendet hatte, im Klartext, damit die Sowjets sie auffangen konnten. Die Sitzungen wurden so gelegt, daß Zeit genug für nachmittägliche Tennisdoppel blieb. Douglas Dillon mit Gattin und George Ball mit Gattin und Robert McNamara und Arthur Schlesinger aßen zusammen bei Kerzenlicht im großen Speisesaal. Botschaften kamen von Maxwell Taylor und Dean Rusk, die beide aus gesundheitlichen Gründen verhindert waren.

Als ich diesen Artikel las, stellte ich mir vor, der Sturm würde anhalten.

Der Strom ist ausgefallen, kein Gedanke mehr an Tennis, die Kerzen verloschen an dem Tisch im großen Speisesaal, wo Douglas Dillon mit Gattin und George Ball mit Gattin und Robert McNamara und Arthur Schlesinger sitzen (nicht etwa essen, kein Essen ist aufgetragen, und es wird auch kein Essen aufgetragen werden), die hellen Leinenvorhänge im Speisesaal, die sich blähen und losreißen, der Regen auf dem Parkett, die Abgeschiedenheit, die Aufregung, der tropische Sturm.

Unvollkommene Erinnerungen.

Zeit genug für hundert Bedenken.

Hundert Visionen und Revisionen.

Als Treat Morrison starb, ging mir durch den Kopf, daß ich mir noch so ein Treffen gewünscht hätte: ein Treffen zur Neubewertung dessen, was Treat Morrison «gewisse Maßnahmen im Jahre 1984 anläßlich der Angelegenheit, die später als letale im Gegensatz zur humanitären Hilfe bekannt wurde» genannt hätte (und tatsächlich so genannt hat).

Unvollkommene Erinnerungen an einen gewissen Zwischenfall, der sich nicht hätte ereignen dürfen und der nicht vorhergesehen werden konnte.

Nach menschlichem Ermessen.

Ich hätte mir dieses Treffen in genau dem gleichen Setting gewünscht: das rosa Hotel in den Keys, das gleiche Wetter, die gleichen raschelnden Mangroven, die gleichen Delphine und die gleichen Tennisdoppel, die gleichen Möglichkeiten. Ich hätte sie gern alle dort versammelt gesehen, alte Männer in den Tropen, alte Männer mit limonengrünen Hosen, Polohemden und Golfkappen, alte Männer in einem rosa Hotel bei Sturm.

Natürlich wäre Treat Morrison dagewesen.

Und wenn er dann hochgegangen wäre und seine Zimmertür aufgemacht hätte, dann hätte er Elena McMahon dort gesehen.

Auf dem Balkon, in ihrem Nachthemd.

Wie sie den Sturm auf dem Wasser betrachtete.

Und sollten Sie jetzt einwenden wollen, das ginge ja nicht – wenn Elena McMahon dort oben in dem rosa Hotel gewesen wäre, dann hätte es ja keinen Anlaß für diese Konferenz gegeben, keinen Zwischenfall, kein Thema, absolut keinen Grund: *Haken Sie's ab, und vergessen Sie's.*

Wie Mark Berquist sagen würde.

Denn natürlich wäre Elena McMahon auch dagewesen.

Ich wünschte, die beiden wären ihr Leben lang zusammengewesen.

23. Januar 1996

Joan Didion
NACH HENRY
Deutsch von Mary Fran Gilbert, Karin Graf
und Sabine Hedinger
288 Seiten. Gebunden

Joan Didion gilt als scharfe Beobachterin und Kritikerin des politischen und kulturellen Lebens in den USA und zugleich als Künstlerin von hohem Rang: «die beste Feder der amerikanischen Intellektuellen» (*Der Spiegel*). Dieser Band versammelt ihre Reportagen und Essays aus den Jahren 1982 bis 1992. Niemand beherrscht wie Joan Didion die Kunst der mal süffisanten, mal schneidend ironischen Entlarvung der inszenierten Scheinwelten amerikanischen Alltags. Ob sie über die Präsidenten Reagan, Bush und Clinton oder das operettenhafte Leben der ehemaligen Terroristin und Milliardärsenkelin Patty Hearst schreibt, über einen sensationellen Mordprozeß in Hollywoodkreisen oder über verheerende Brände im Los Angeles County: immer vermischt sie in souveräner Manier Politisches, Zeitgeschichtliches und Privates.

«Joan Didion ist eine ausgezeichnete Kartographin der öffentlichen Kultur Amerikas. Sie weiß um das wechselvolle mediale Zusammenspiel von Politik, Ruhm, Status und Existenzangst. Ihre wahren Stärken aber sind ihr scharfes Auge, ihre Sensibilität und ihr kühler, ironischer Stil.» *The New York Times Book Review*

Rowohlt

Joan Didion
DAS WEISSE ALBUM

Joan Didions «kalifornische Geisterbeschwörung» seziert und beschwört gleichermaßen die Reste des *American dream*, der auch im Scheitern nichts von seiner Faszination eingebüßt hat. Hier reflektiert und räsoniert Didion über die Frauenbewegung und die Black Panther Party, über das Museum von Paul Getty, über Janis Joplin und andere Ikonen der US-Kultur.

«Einer der ganz großen Essayisten der amerikanischen Gegenwartsliteratur.» *Südwestfunk*

rororo 13494

STUNDE DER BESTIE

Die Essays und Reportagen in «Stunde der Bestie» kreisen um Leitfiguren (Howard Hughes, Joan Baez) und Momente amerikanischer Existenz, die auch unser Bild vom «Land der unbegrenzten Möglichkeiten» geprägt haben. Ihr liebevolles Porträt von John Wayne zählt zum Schönsten, was je über einen Filmstar geschrieben wurde.

SPIEL DEIN SPIEL
rororo 13509

WIE DIE VÖGEL UNTER DEM HIMMEL
rororo 13472

MENSCHEN AM FLUSS
rororo 13454

DEMOKRATIE
«Ein enorm intelligentes, anspruchsvolles, ein nicht nur brillantes, sondern beklemmendes Buch.» *Süddeutsche Zeitung*

«‹Demokratie› ist zu einem großen Roman geworden. Und zu einem spannenden.» *Die Zeit*

rororo 13961

Rowohlt